Valentin Kirschgruber
Das Wunder der Rauhnächte

VALENTIN KIRSCHGRUBER

Das Wunder der Rauhnächte

Mein *magisches Tagebuch* für die 12 heiligen Nächte

Rituale, Bräuche und Meditationen für die innere Einkehr

Inhalt

Das Geheimnis der Rauhnächte 7
   Wozu ein Tagebuch? 9
1. Rauhnacht 13
   Altes abschließen und loslassen – Rückblick ohne Reue 14
   Meine wichtigsten Erfahrungen in der ersten Rauhnacht 26
2. Rauhnacht 31
   Still werden – eintreten ins Innere 32
   Meine wichtigsten Erfahrungen in der zweiten Rauhnacht . . . 45
3. Rauhnacht 49
   Öffne dich 50
   Meine wichtigsten Erfahrungen in der dritten Rauhnacht . . . 62
4. Rauhnacht 65
   Vertrauen und Weisheit 66
   Meine wichtigsten Erfahrungen in der vierten Rauhnacht . . . 80
5. Rauhnacht 83
   Leib und Seele 84
   Meine wichtigsten Erfahrungen in der fünften Rauhnacht . . . 96
6. Rauhnacht 99
   Die Gefühle umarmen 100
   Meine wichtigsten Erfahrungen in der sechsten Rauhnacht . . 114
7. Rauhnacht 117
   Wünsche, Ziele, Werte 118
   Meine wichtigsten Erfahrungen in der siebten Rauhnacht . . . 132
8. Rauhnacht 135
   Wer bist du? 136
   Meine wichtigsten Erfahrungen in der achten Rauhnacht 148
9. Rauhnacht 151
   Frieden mit anderen und mit dir selbst 152
   Meine wichtigsten Erfahrungen in der neunten Rauhnacht . . 164

10. Rauhnacht ... 167
    Achtsamkeit ... 168
    Meine wichtigsten Erfahrungen in der zehnten Rauhnacht .. 180

11. Rauhnacht ... 183
    Danken befreit ... 184
    Meine wichtigsten Erfahrungen in der elften Rauhnacht 196

12. Rauhnacht ... 199
    Das Licht in dein Leben lassen ... 200
    Meine wichtigsten Erfahrungen in der zwölften Rauhnacht: . 212

Epiphanias ... 215
    Könige, Astrologen, Magier ... 216
    Meine wichtigsten Erfahrungen mit den Rauhnächten 223

Epilog ... 227
    Rezeptverzeichnis ... 231
    Notizen ... 236

Das Geheimnis der Rauhnächte

Die Rauhnächte – die »Zwölften« oder »Wolfsnächte«, also die Nächte zwischen Weihnachten und Heilige Drei Könige – sind eine ganz besondere, heilige, magische und geheimnisvolle Zeit. Sogar in unserer lauten Welt spüren wir heute noch, dass die Natur in dieser Zeit stillzustehen scheint. Und auch in uns selbst wird es stiller. Daher werden wir, wenn wir an Silvester den Übergang in ein neues Jahr feiern, auch ganz laut, um die bösen Geister auszutreiben.

Diese »bösen Geister« sind keine in der Außenwelt existierenden Gespenster oder Dämonen. Es sind unsere inneren Konflikte, unsere Ängste, unsere Wut, all unsere negativen Gefühle, die wir mit Verständnis und Liebe annehmen, dann aber »austreiben« und sie gehen lassen.

Die Rauhnächte sind die Zeit, die wir am besten nutzen können, um Bilanz zu ziehen, um uns auf das nächste Jahr vorzubereiten – aber auch um unser Gespür für das Wesentliche, das den Augen so oft verborgen bleibt, zu schärfen. Nicht zuletzt den Blick auf unser Inneres, der den Augen nicht nur aus anatomischen Gründen verwehrt ist.

Früher, noch zu Zeiten meiner Großeltern, waren die Rauhnächte einer der Höhepunkte des Jahres. Die dunklen, kalten Wintertage war man mit der Familie beisammen. Da konnte man sich besinnen, Orakel halb im Ernst, halb zur Unterhaltung befragen, man konnte althergebrachte Rituale wie das »Ahnentischchen« durchführen, räuchern, man konnte besondere Speisen zubereiten, Geschichten erzählen und die Weichen für die Zukunft neu stellen.

Bei uns waren die Tage »zwischen den Jahren« eine Zeit, die immer ganz besonders war. Der Heilige Abend und die Bescherung, die uns Kindern natürlich wichtig war, waren nun vorbei, und bis zum neuen Jahr dauerte es noch – so schien es uns als Kindern – eine halbe Ewigkeit. Ich kann nicht genau sagen, warum, doch in dieser Zeit waren wir besonders brav und still. Ich glaube nicht, dass wir dabei Angst vor etwas hatten, auch wenn uns die Großeltern gruselige Märchen erzählten. Es war eine Stille, die sich von selbst ergab, die von innen heraus kam.

Meine Großmutter schien in dieser Zeit immer eine besondere Kraft und Wachheit zu beleben. Während der Rauhnächte beobachtete sie nämlich immer ganz genau, was um sie herum geschah. Ihr entging nicht die kleinste Kleinigkeit. In jedem Augenblick wusste sie, ob und wie viel es schneite, ob und wie lange die Sonne scheinen würde oder wann Nebel aufzog. Und dann konnte sie sehr zuverlässig Auskunft darüber geben, wie sich das Wetter während der Rauhnächte auf die Witterung im neuen Jahr auswirken würde. Sie hatte auch ein feines Gespür dafür, wenn es um die Atmosphäre bei uns am Hof ging. Wenn wir Kinder uns stritten, was in dieser Zeit ohnehin selten vorkam, ermahnte sie uns, da Streit während der Rauhnächte Unheil für die Zukunft verhieß. Sie wachte mit Argusaugen darüber, dass die alten Bräuche eingehalten wurden. Weder durfte in dieser Zeit Karten gespielt noch Unordnung im Haus verbreitet werden. Und da mein Großvater zu jener Zeit schon sehr gebrechlich war, war sie es auch, die die Stube und die Ställe abschritt und alle Räume mit Weihrauch und anderen duftenden Substanzen ausräucherte.

An den langen, dunklen Abenden, während das Feuer im Kamin prasselte und draußen Eiseskälte herrschte, erzählte uns Großmutter Sagen und Märchen über Hexen, die Geister der Wilden Jagd und die schaurige Frau Percht. Keiner machte sich Sorgen, dass derlei Geschichten sich womöglich nicht für zarte Kinderohren eigneten. Und ich glaube, das war auch richtig so, denn die Geschichten waren zwar gruselig, aber wir waren in der warmen Stube und genossen das Gefühl, uns zu gruseln. Wirklich

Angst hatten wir nicht. Ich glaube, dass auch gruselige Geschichten ihren Sinn haben. Kinder sollten ruhig erfahren, dass Licht und Dunkel, Gut und Böse sowie Geburt und Tod zum Leben dazugehören. Und wir Kinder – so scheint es mir heute – kamen mit dieser universellen Wahrheit besser zurecht als so manch ein Erwachsener.

Wozu ein Tagebuch?

Während der Rauhnächte werden die Schleier, die die geistige Welt verhüllen, durchsichtiger. Wer diese Tage gut zu nutzen weiß, kann viel über sich selbst, aber auch über die geistige Welt erfahren. Seit jeher wird in den Rauhnächten das Los befragt. Es wird geräuchert, gebetet und meditiert. Es ist die Zeit der Märchen und Sagen, der Träume und der Fantasie. Und auch wenn einige Bräuche und Rituale heute veraltet zu sein scheinen – noch immer können wir diese geheimnisumwitterte Schwellenzeit nutzen, um innezuhalten und zurückzuschauen, aber auch um zu feiern, Freunde zu treffen oder uns unserer Familie und nicht zuletzt auch uns selbst zuzuwenden.

Nun ist aber Wissen eine Sache, Verstehen und Fühlen eine andere. Dieses Buch kann dir dabei helfen, die Rauhnächte zu *fühlen* und herauszufinden, was sie wirklich *für dich* bedeuten. Wohin die Reise dich führen wird, zu der dich die Rauhnächte einladen, hängt ganz allein von dir ab. Niemand, schon gar nicht ich, will dir vorschreiben, wie du die Rauhnächte erfahren sollst. Und so ist auch dieses »Rauhnacht-Tagebuch« angelegt: Ich werde dir ein paar interessante Dinge erzählen und dir Hinweise geben, wie du die Reise durch die Rauhnächte in dein Inneres am einfachsten antreten kannst. Vielleicht willst du die Zwölften »nur« dazu nutzen, um etwas zur Ruhe zu kommen, die Arbeit zurückzufahren, dich zu entspannen und der Stille und Besinnung in deinem Leben ein wenig mehr

Raum zu geben. Vielleicht aber möchtest du eine tiefreichende innere Verwandlung anstreben, an deren Ende ein wirklicher Neubeginn steht. Vielleicht möchtest du auch nur ein wenig experimentieren und das Geheimnis der Rauhnächte erst einmal erkunden. Das alles liegt bei dir. Es gibt nicht einen einzigen, richtigen Weg. Es gibt *deinen* Weg, den du gehst und von dem nur du allein beurteilen kannst, ob er gut für dich ist. Die Rauhnächte sind Bestandteil der mitteleuropäischen Spiritualität, die über Jahrtausende mündlich überliefert wurde. Europa ist kulturell christlich geprägt. Das war aber nicht immer so. Kelten und Germanen hatten ihre eigenen spirituellen Vorstellungen – und erstaunlich viel davon wurde später in christliches Brauchtum integriert. Das ist sehr interessant und gut zu wissen, denn dann wird leichter verständlich, warum die Rauhnächte eine so große spirituelle Bedeutung haben. Darüber habe ich an anderer Stelle geschrieben. Hier geht es jedoch ganz und gar darum, dass du dich in den Rauhnächten entdeckst, ein wenig vom Brauchtum kennenlernst und durch Besinnungsübungen und kleine Rauhnachtrituale eine andere als die gewohnte Alltagsebene erfahren kannst.

In den Rauhnächten kannst du dich dem Zauber öffnen, von dem die Rauhnachtmärchen und -sagen künden, etwa indem du alte Bräuche neu aufleben lässt. Doch dieses Buch ist *dein* Rauhnacht-Tagebuch. Du kannst übernehmen, was dir sinnvoll erscheint, und verwerfen, was deinen Bedürfnissen nicht entspricht. Denn wenn ich in der langen Zeit, in der ich mich mit dem Mysterium der Rauhnächte beschäftige, etwas gelernt habe, dann ist es, dass jeder von uns dabei seinen ganz eigenen Reisepfad finden muss. Auf dieser Reise wünsche ich dir viele wertvolle Einsichten und Erfahrungen, die dein Leben bereichern. Betrachte die alten Bräuche mit Respekt – aber nicht bierernst. Genieße, was du tust, und gib deinem Leben Tiefe. Und denk daran, dass Tradition bedeutet, die Flamme weiterzugeben, nicht, die Asche zu bewahren …

Herzlichst, dein Valentin Kirschgruber

Die zwölf Rauhnächte – ein Überblick

1. Rauhnacht	25. Dezember	1. Weihnachtsfeiertag	Altes loslassen	Januar
2. Rauhnacht	26. Dezember	2. Weihnachtsfeiertag	Still werden	Februar
3. Rauhnacht	27. Dezember	Fest des Apostels Johannes	Neue Wege gehen	März
4. Rauhnacht	28. Dezember	Fest der unschuldigen Kinder	Vertrauen finden	April
5. Rauhnacht	29. Dezember	König-David-Tag	Den Körper heiligen	Mai
6. Rauhnacht	30. Dezember	St.-Felix-Tag	Gefühle umarmen	Juni
7. Rauhnacht	31. Dezember	Altjahrstag/Silvester	Werte würdigen	Juli
8. Rauhnacht	1. Januar	Fest der Beschneidung des Herrn	Du selbst sein	August
9. Rauhnacht	2. Januar	Waldfest	Frieden schließen	September
10. Rauhnacht	3. Januar	Fest des allerheiligsten Namens Jesu	Achtsam werden	Oktober
11. Rauhnacht	4. Januar	Fest Unserer Lieben Frau von Treviso	Dankbarkeit pflegen	November
12. Rauhnacht	5. Januar	Vigil vor Epiphanias	Zum Licht erwachen	Dezember

1. Rauhnacht

Altes loslassen

★ 25. Dezember
★ 1. Weihnachtsfeiertag
★ Hochfest der Geburt des Herrn
★ Christtag

Altes abschließen und loslassen – Rückblick ohne Reue

Heute, nach dem Heiligen Abend, beginnen die Rauhnächte. Vielleicht feierst du mit deiner Familie und genießt die Geschenke. Doch es geht um mehr: Es ist Zeit, Altes loszulassen und Platz für Neues zu schaffen. Denk an das vergangene Jahr: Welche Erfahrungen waren wichtig? Wer hat dir geholfen? Welche Gewohnheiten willst du ablegen? Die Rauhnächte sind eine Zeit der Verwandlung. Es geht um Mut, sich mit dem eigenen Schatten auseinanderzusetzen und seelisch zu wachsen. In der Dunkelheit dieser Nächte findest du dein inneres Licht. Es leuchtet immer, auch wenn es noch verdeckt ist. Die Botschaft der Rauhnächte ist stets positiv: Es geht um Wachstum und Erneuerung. In der Dunkelheit wächst das Leben. Lass die innere Verwandlung zu und entfache das Licht in dir. Um Abschluss, Loslassen und Erneuerung ging es schon bei unseren ger-

manischen, keltischen und »heidnischen« Vorfahren. Lange bevor Weihnachten zu einem der wichtigsten Feste der damals neuen Religion des Christentums wurde, feierten unsere Ahnen die Wintersonnwende. Ungefähr jedenfalls, denn der Heilige Abend kommt ja erst zwei Tage nach der Sonnwende, also dem Tag, an dem endlich die Nächte wieder kürzer und die Tage wieder länger werden – oder anders gesagt, der dunkelsten Zeit des Jahres, von der an es heller wird. Die Wiedergeburt des Lichts, nicht nur im übertragenen Sinne, sondern ganz konkret, wird geehrt.

Aber was bedeutet »loslassen« für dich? Ich kann viel darüber schreiben, du kannst viel darüber lesen – und doch: Weißt du wirklich, was abschließen, erneuern und loslassen für dich, für deine Gefühle, für dein Leben bedeutet? Weißt du, was du loslassen willst? Was du loslassen kannst? Was du *nicht* loslassen kannst oder willst?

1. RAUHNACHT

Was möchtest du gern loslassen?
Es gibt sicher so einiges, was du gern loslassen würdest. Zunächst natürlich Sorgen, Ängste, Schmerzen. Aber vielleicht gibt es noch mehr: Eigenschaften, Besitztümer, Gewohnheiten, Menschen ... Schreib alles auf, was dir spontan einfällt. Du kannst es – auf dem Papier – ja auch wieder streichen oder ausradieren.

_____

_____

_____

_____

_____

Schreib einen kurzen Gedanken zum Thema »Loslassen« auf
Vielleicht hast du dir nun schon ein wenig Gedanken darüber gemacht, was »loslassen« bedeutet. Doch es ist nicht ganz so wichtig, was du darüber denkst, sondern was du dabei *fühlst*. Du machst einen wichtigen Schritt, wenn du diese Gedanken und Gefühle klar formulierst und in einen Satz fassen kannst. Dadurch werden sie konkret und können dich auf deinem Lebensweg leiten:

_____

_____

_____

_____

_____

_____

Wann sind die Rauhnächte?

Es ist gar nicht so leicht zu sagen, in welche Zeit die Rauhnächte fallen. Manchmal gilt schon die Thomasnacht der Wintersonnwende am 21. Dezember als erste Rauhnacht – und sie ist die längste und dunkelste des Jahres. In Schweden beginnen die Rauhnächte bereits mit dem Luciafest am 13. Dezember. Diese Rauhnachtdefinitionen sind offenbar noch stärker von den älteren vorchristlichen Vorstellungen unserer germanischen und keltischen Vorfahren bestimmt. Auch das nordeuropäische »Jul-« oder »Mittwinterfest«, das jedoch erst in der Zeit nach der Wintersonnwende gefeiert wird, ist bestimmend für diese Festlegung der Rauhnächte.

Das andere Extrem besteht in der Eingrenzung der Rauhnächte auf lediglich vier Nächte, die »wirklich« zu den Rauhnächten zählen – die Nacht der Wintersonnwende (21. Dezember), die Christnacht (24. Dezember), Silvester (31. Dezember) und die Nacht auf Heilige Drei Könige (5. auf 6. Januar). Tatsächlich gelten diese vier nach wie vor als besonders wichtige Rauhnächte. Ich finde jedoch, da fehlt etwas ganz Wichtiges, nämlich die Tatsache, dass es nicht einzelne Punkte im Jahreslauf sind, sondern eine Zeitspanne ist, die eine besondere spirituelle Kraft mit sich bringt.

Die Tradition, die heute am weitesten verbreitet ist und an die ich mich auch in meinen Büchern halte, spricht von zwölf Rauhnächten und datiert diese zwischen Weihnachten und Heilige Drei Könige, was auch am besten mit der kirchlichen Interpretation der »zwölf heiligen Nächte« zusammengeht – aber dabei leider die vorchristlichen Ursprünge etwas verdeckt.

Diese Zeit, die weder zum alten noch zum neuen Jahr gehört, bleibt auch immer ein ganzes Stück weit unfassbar. Daher können wir über die Rauhnächte auch nie in dem Maß »Bescheid wissen« wie über materielle Dinge. Die Ursprünge des Rauhnachtglaubens verlieren sich ohnehin im Dunkel längst vergangener Zeiten. Verlässliche Quellen gibt es kaum. Und so, wie ich das heute sehe, ist das auch ganz gut so.

Ein Ritual für die erste Rauhnacht:
Kehraus

Das Kehraus-Ritual, das du während der Rauhnächte mindestens einmal ausführen solltest, ist nicht einfach ein Hausputz. Es geht hier um das symbolische Auskehren aller dunklen und schlechten Kräfte, besonders aus den Ecken der Zimmer. Wichtig ist, dass du dies nicht beiläufig tust, sondern deine volle Aufmerksamkeit und Würde in diesen Vorgang legst (siehe auch den Abschnitt »Rituale« im Kapitel zur vierten Rauhnacht): Es geht also nicht um Hausarbeit, sondern um ein geistiges Ritual. Bewege dich dabei langsam und wiederhole innerlich oder halblaut den Spruch »Glück zieht herein, Pech zieht hinaus«.

Dieses Ritual hat nicht nur eine äußere, sondern auch eine tiefgreifende innere Wirkung. Es geht darum, durch diese bewusste Handlung auch deine Seele zu reinigen und Unheil, besonders das aus der eigenen Seele, abzuwenden. Meine Großmutter war fest davon überzeugt, dass dieses kleine Ritual bereits viel Unheil verhindern konnte, und ich glaube auch daran. Es ist eine Möglichkeit, sich sowohl äußerlich als auch innerlich auf Positives auszurichten und Negatives hinter sich zu lassen.

Wie fühle ich mich?

Was geht in dir vor, wenn du dieses Ritual liest? Und wenn du es tatsächlich durchgeführt hast: Was sind deine Erfahrungen? Hör in dich hinein und schreib auf, was dir spontan in den Sinn kommt:

_____

_____

_____

Der Segensspruch für die erste Rauhnacht

Ich leere mein geistiges Gefäß,
um es mit Freude und Sinn zu füllen.

Der Segensspruch trifft das Thema des Tages gut. Und doch ist jeder Mensch anders. Vielleicht findest du Worte, die für dich noch treffender sind. Auch wenn dir nicht sofort etwas einfällt: Besinne dich ein wenig und versuche, ein gutes Motto für den ersten Tag deiner Rauhnachtreise zu finden. Mein persönliches Motto für diesen Tag:

_____

_____

_____

Märchen und Sagen zur Zeit der Rauhnächte

Märchen und Sagen sprechen nicht zum Verstand, sondern zum Herzen und zur Seele. Die Rauhnächte sind eine ideale Zeit, um Märchen, Sagen und Geschichten zu lesen und vorzulesen. Daher möchte ich dich einladen, dich während der Rauhnächte intensiv mit märchenhafter Literatur zu beschäftigen. Aber denk daran, dass weniger oft mehr ist. Ein einziges Märchen kann in deinem Inneren mehr bewirken als eine Sammlung von Sagen aus ganz Europa.

Wenn du Geschichten vorliest, dann tu es langsam und mit Bedacht. Bleib entspannt und gib deinem Atem genug Raum, um die Worte und Sätze vollständig zu formen. Und wenn du den Geschichten lauschst, dann sei ganz bei der Sache. Lass deine Gedanken des Alltags hinter dir und tauche vollkommen in die wunderbare Welt der Fantasie ein. Hier ein paar Vorschläge:

★ **Das kalte Herz** von Wilhelm Hauff – Ein Kohlenbrenner verkauft sein Herz an einen bösen Geist des Schwarzwaldes, um reich zu werden, und muss lernen, was im Leben wirklich wichtig ist.
★ **Die Sterntaler** von den Brüdern Grimm – Ein Märchen von einem armen Mädchen, das alles gibt und am Ende mit einem Sternenregen aus Talern belohnt wird.
★ **Frau Holle** von den Brüdern Grimm – Die Geschichte von Goldmarie und Pechmarie und ihrer Begegnung mit Frau Holle.
★ **Das Mädchen mit den Schwefelhölzern** von Hans Christian Andersen – Ein rührendes Märchen über ein Mädchen, das in der Kälte Trost in seinen Visionen findet.

Erste Rauhnachtmeditation:
Ausatmen und loslassen

Meditationen, oder auf gut Deutsch Besinnungsübungen, sind eine großartige Hilfe, um sich selbst zu erkennen, zur Ruhe zu finden und zu wachsen. Hier ist eine passende Übung für die erste Rauhnacht:

Setz dich aufrecht und entspannt auf einen Stuhl oder den Boden. Schließ die Augen und lenke deine Aufmerksamkeit auf deinen Atem. Spüre, wie sich deine Bauchdecke beim Einatmen hebt und beim Ausatmen senkt. Versuche nicht, deinen Atem zu kontrollieren; nimm ihn einfach so wahr, wie er ist.
Gedanken werden sicherlich auftauchen. Das ist normal. Wenn du bemerkst, dass du zu denken beginnst, warte auf das nächste Ausatmen und lass diese Gedanken dann los. Nutze das Ausatmen als Gelegenheit, deinen Geist zu beruhigen. Wenn Erinnerungen, Bilder oder Sorgen in deinem Kopf erscheinen, erkenne sie an, atme aus und lass sie los.
Es ist wichtig, zu verstehen, dass du das Alte loslassen musst, um für Neues offen zu sein. Und das Alte, das sind oft unsere Gedanken. Selbst wenn sie zukunftsorientiert sind, basieren sie auf vergangenen Erfahrungen. Das wahre Neue entsteht nicht aus dem Denken, sondern aus der Stille.
Bleib einige Minuten bei dieser Übung: atmen, Gedanken beobachten und beim Ausatmen loslassen.
Um die Meditation abzuschließen, spüre deinen Körper, atme einmal tief durch und öffne dann langsam die Augen.

Meine Erfahrungen bei der Meditation

Vielleicht merkst du bei so einer Meditationsübung, wie unruhig es in deinem Kopf zuging – vielleicht hast du aber auch ein Gefühl tiefen Friedens erlebt? Was fiel dir leicht, was hat dich abgelenkt? Was ging in deinen Gedanken und Gefühlen vor?

_____

_____

_____

_____

_____

_____

Atmen, loslassen und zur Ruhe finden

Das Ziel einer Besinnungsübung ist, den Geist zu klären und zum Wesentlichen zu gelangen, damit neue Erfahrungen und Einsichten an die Oberfläche des Bewusstseins steigen können. Der Atem kommt und geht ganz natürlich. Was erlebst du bei den folgenden Aussagen?

Ich kann Unwesentliches leicht loslassen.

_____

_____

_____

Ich sehe Neuem mit Freude und Spannung entgegen.

_____

_____

_____

_____

Traditionen und Bräuche

- Im Haus sollte für Ordnung gesorgt werden. Sofern noch nicht geschehen, macht man jetzt reinen Tisch: Man begleicht seine Schulden und legt alte Streitigkeiten bei.
- Frauen und Kinder sollten nach Einbruch der Dunkelheit im Haus bleiben.
- Die Stuben und Ställe werden mit Weihrauch geräuchert und mit Weihwasser gesegnet.

Wie der Tag, so der Monat

Jede Rauhnacht steht mit einem Monat des folgenden Jahres in Verbindung. Bei der ersten Rauhnacht ist es der erste Monat des neuen Jahres, also der Januar. Das gilt für deine Träume wie auch für das Wetter.

1. RAUHNACHT

Achte einmal auf deine Träume! Was du in der ersten Rauhnacht träumst, gibt Hinweise darauf, was im Januar geschehen wird, die Träume der zweiten Rauhnacht hängen mit dem Februar des nächsten Jahres zusammen – und so weiter.

Was hast du heute geträumt?

_____

_____

_____

_____

 *Bauernregeln für den 25. Dezember*

»Scheint am 25. Dezember die Sonne,
bringt sie fürs neue Jahr Glück und Wonne.«

»Ist die Weihnacht hell und klar,
hofft man auf ein fruchtbar' Jahr.«

»Ist es Weihnachten kalt, ist kurz der Winter,
das Frühjahr kommt bald dahinter.«

Das Rauhnacht-Wetterorakel

Gerade für die Landwirtschaft spielt das Wetter eine wichtige, ja lebenswichtige Rolle. Daher beobachteten die Menschen die Zusammenhänge und fanden Regeln, die ihnen halfen, das Wetter vorherzusagen. Diese Regeln sind auch heute noch als *Bauernregeln* bekannt.

Das Rauhnacht-Wetterorakel ist denkbar einfach: Auch das Wetter des nächsten Jahres lässt sich direkt über das Wetter in den Rauhnächten vorhersagen (siehe oben: »Wie der Tag, so der Monat«). »In den Zwölften«, heißt es im alten Volksglauben, »wird der Wetterkalender fürs ganze Jahr gemacht.« So wie das Wetter in den zwölf Rauhnächten ist, so wird es also auch in den zwölf Monaten des neuen Jahres sein, wobei die erste Rauhnacht wieder dem Januar, die zweite dem Februar entspricht und so fort.

Über das Räuchern

Das Räuchern ist ein wichtiges Ritual der Rauhnächte. Solch eine Räucherung läuft etwa wie folgt ab (siehe auch den Abschnitt »Ein Räucherritual« im Kapitel über die zweite Rauhnacht):

- Führe das Räuchern in Stille durch. Wenn du mit anderen räucherst, vereinbart, dabei nicht zu sprechen.
- Ein Räucherritual ist festlich. Starte und beende es bewusst. Die Vorbereitung der Räuchermischung ist bereits ein Teil des Rituals.
- Halte die Kohle mit der Pinzette und zünde sie an, bis sie glüht.
- Gib die Räuchermischung in die Kohle. Wenn Rauch entsteht, verteile ihn mit den Händen oder zum Beispiel mit Federn.
- Konzentriere dich auf das Aroma. Wenn sich dein Geist ablenken lässt, fokussiere dich wieder auf den Rauch.
- »Bade« im Rauch und genieße es. Bei Bedarf legst du Räucherwerk nach.
- Beende das Ritual bewusst und lüfte danach kurz, um negative Energien zu vertreiben.

Rezept: Störibrot

Der Name »Störibrot« kommt vom althochdeutschen Wort *stere* (»Kraft«). Dieses Brot wird traditionell am ersten Rauhnachttag gebacken und während der gesamten Rauhnachtzeit gegessen. Dazu gibt es folgende Legende:

Als das Jesuskind geboren wurde, stieg ein heller, strahlender Stern am Himmel auf. Vor lauter Entzücken vergaßen die Menschen, die dem Licht am Nachthimmel nachliefen, ihr Brot aus dem Ofen zu holen. Als sie darüber in Sorge gerieten, sprach das Jesuskind, dass sie sich keine Gedanken machen müssten. Und tatsächlich: Als die Bewohner wieder in ihre Häuser kamen und das Brot aus dem Ofen holten, war es hell und schmeckte besser als je zuvor.

1 kg helles Roggenmehl
500 g Weizenmehl, Type 550
1 ½ Päckchen Hefe
0,4 Liter Milch (lauwarm)

0,6 Liter Wasser (lauwarm)
1 EL Salz
1 Ei
1 bis 2 EL Anis, gemahlen

Bei der Zubereitung des Störibrots sollte der Teig möglichst rasch verarbeitet werden. Vermische alle Zutaten bis auf das Ei und den Anis in einer großen Schüssel mit einem Kochlöffel, knete den Teig dann gründlich durch, decke ihn mit einem feuchten Geschirrtuch ab und lass ihn 1 Stunde lang an einem warmen Platz gehen. Heize den Ofen auf 200 Grad (Umluft) vor.
Während sich der Ofen aufheizt, forme mehrere längliche Brotlaibe und leg sie in eine gut gefettete und mit etwas Mehl bestreute Backform. Bestreiche die Brote dann mit Ei und bestreue sie mit Anis.
Schalte die Hitze im Ofen auf 180 Grad herunter, leg die Störibrotlaiberl in den Ofen und back sie etwa eine Stunde lang. Fertig!

Meine wichtigsten Erfahrungen in der ersten Rauhnacht

Was an den Übungen (also den vorgeschlagenen Ritualen, an der Meditation und so weiter) ist mir schwergefallen?

_____

_____

_____

_____

Was hat sich beim Üben an körperlichen Empfindungen verändert?

_____

_____

_____

Was hat sich beim Üben an seelischen Empfindungen verändert?

_____

1. RAUHNACHT

_____

_____

_____

Welche sonstigen Erfahrungen hatte ich mit den Übungen?

_____

_____

_____

Was ich aus der Erfahrung der ersten Rauhnacht mitnehme

Manche der Dinge, die du gelernt hast, sind für dich vielleicht weniger relevant oder liegen dir nicht so – doch bestimmt gibt es ein paar, die dich wirklich weitergebracht haben.
Hier ist die Stelle, wo du deine wichtigsten Erfahrungen und Einsichten noch einmal notieren kannst:

_____

_____

1. RAUHNACHT

2. Rauhnacht

Still werden

★ 26. Dezember
★ 2. Weihnachtsfeiertag
★ St.-Stephans-Tag
★ Stephani

Still werden – eintreten ins Innere

In den Rauhnächten hast du immer wieder die Gelegenheit, tief in dein Inneres einzutauchen. In manchen Gegenden heißen die Rauhnächte auch heute noch »Innernächte« – aber kaum jemand denkt darüber nach, was das heißt. Es bedeutet, dass es jetzt an der Zeit ist, die Aufmerksamkeit von außen nach innen zu lenken, zur Ruhe zu kommen und still zu werden. Manchmal ist es gar nicht so leicht, ein wenig Ruhe zu finden. Wenn du in der Stadt lebst, kennst du das ganz bestimmt. Nun geht es aber gar nicht hauptsächlich um äußere Stille, die Abwesenheit von Geräuschen. Das hilft zwar, doch du kannst die innere Stille auch ganz unabhängig von allem äußeren Lärm erfahren.

In den Rauhnächten fällt es uns leichter, zur Besinnung zu kommen und einen Ruhepol in uns selbst zu finden. Es fällt uns leichter, uns mit unseren Sehnsüchten, aber auch mit unseren verborgenen Möglichkeiten zu beschäftigen, die wir im Alltag nur allzu leicht aus den Augen verlieren.

Die »staade«, also stille Zeit stellt sich nicht von selbst ein, auch wenn die Atmosphäre der Rauhnächte dies erleichtert. Du solltest schon deinen Teil dazu beitragen, still zu werden. Dazu ist es wichtig, dass du deinen Geist aus der Gefangenschaft seiner alltäglichen Denkgewohnheiten befreist und all das Sorgen, Planen und Grübeln einmal ganz in den Hintergrund treten lässt. Durch die Ausrichtung auf das, was jenseits allen Lärms liegt, kann die Magie der Rauhnächte mit einem Mal greif- und *be*greifbar werden.

Am besten, du machst dir jenseits aller Worte einmal klar, was »Stille« für dich ganz persönlich bedeutet. Sehnst du dich nach äußerer Stille? Oder sind es die unruhigen Gedanken, Gefühle, Erinnerungen, Sorgen, Pläne und Ängste, die in dir, sozusagen in deinem Kopf, »Lärm« erzeugen? Oder ist es vielleicht dein Körper, der die Stille nicht zulassen will?

2. RAUHNACHT

Was bedeutet Stille für dich?
Wann hättest du gern mehr Stille? In welchen Bereichen deines Lebens? Versuche einmal aufzuschreiben, wo dir Stille fehlt, was für Gefühle das in dir auslöst, und schreib auch auf, wenn du Ideen hast, wie du mehr Stille finden könntest.

_____

_____

_____

_____

Schreib ein »Stille-Erlebnis« auf
Irgendwann in deinem Leben hast du bestimmt einmal »Stille« erfahren. Schreib das auf.
Wenn du dich beim besten Willen an keines erinnern kannst, denk dir eine Situation aus, die perfekte Stille für dich darstellt. Dann hast du ein »Referenzerlebnis«, ein Beispiel und einen Leitfaden, der dich zum Erleben der Stille führt.

_____

_____

_____

_____

Der Mond und die Rauhnacht

Der Mond ist auffällig am Himmel und wichtig, weswegen es schon erstaunlich ist, dass immer noch einige merkwürdige Vorstellungen über ihn verbreitet sind. So glauben nicht wenige Menschen, dass der Mond nur nachts sichtbar ist. Dabei ist er, vor allem in seiner Halbmondphase, viele Stunden am Tageshimmel zu sehen. Beim Vollmond stimmt es dann wieder: Er geht auf, wenn die Sonne untergeht, und geht unter, wenn sie wieder im Osten erscheint. Mit jedem Tag wird dann der Mond schmaler – und geht später auf und unter, bis er schließlich unsichtbar wird, weil die Sonne seine Rückseite beleuchtet und tagsüber am Himmel steht.

Der Mond braucht 29 ½ Tage von Neumond zu Neumond. Zwölf Monate sind also 354 Tage – ein Mondjahr. Darauf basierte der alte Mond- oder Lunarkalender. Die Sonne braucht aber länger, bis sie wieder an derselben Stelle am Himmel steht, nämlich rund 365 Tage – ein Sonnenjahr.

Die Rauhnächte hängen mit der Notwendigkeit zusammen, den alten Mond- oder Lunarkalender mit dem Sonnenkalender in Einklang zu bringen. Die elf Tage und zwölf Nächte, die die Lücke zwischen dem Mond- und dem Sonnenjahr mit seinen 365 Tagen ausfüllen, wurden früher »tote Tage« oder »Zeit außerhalb der Zeit«, »Zeit zwischen den Jahren« genannt. Die Rauhnächte unterliegen also weder den Gesetzen der Sonne noch denen des Mondes. Und deshalb galten diese Tage und Nächte schon zu Zeiten unserer Großeltern und lange davor als »geschenkte Zeit«.

Über den Mond gäbe es noch viel zu sagen. Besser als Reden hilft aber Hinschauen: Beobachte doch einmal in den Rauhnächten, wie sich der Mond von Tag zu Tag verändert. Die Mondphasen nicht nur zu kennen, sondern sie auch zu erleben, ist eine gute Verbindung zur Natur und ihren Kräften.

Der Segensspruch für die zweite Rauhnacht

Ich schweige – außen und innen –
und lausche dem Klang der Stille.

Ich habe diesen Segen gewählt, weil ihm eine gute Übung innewohnt: einmal eine Zeit lang ganz bewusst zu schweigen und zu versuchen, auch die vielen inneren Stimmen zum Schweigen zu bringen. Vielleicht ist dir aber auch ein anderer Aspekt der Stille wesentlich – schreib ihn auf! Wichtig ist nur, dass das Motto zu dir spricht.
Mein persönliches Motto für diesen Tag:

_____

_____

Ein Ritual für die zweite Rauhnacht: 13 Wünsche

Es gibt ein Rauhnächte-Ritual, das besonders beliebt und weit verbreitet ist: das »13-Wünsche-Ritual« oder auch nur »Die 13«. Am besten beginnst du dieses Ritual am ersten Rauhnachttag. Du kannst den ersten Tag heute nachholen und nächstes Jahr dann gleich in der ersten Rauhnacht anfangen.

Das Ritual ist ganz einfach. Du schreibst vor Beginn der Rauhnächte 13 Wünsche auf Notizzettel und faltest sie gut zusammen. Diese 13 Zettel kommen dann in eine Schachtel. Am Abend der ersten Rauhnacht, am 25. Dezember, ziehst du einen der Zettel und verbrennst ihn, ohne nachzusehen, welcher Wunsch darauf steht. Mit den Flammen übergibst du deinen Wunsch dann vertrauensvoll einer höheren Macht, die, wenn der Wunsch weise und gut für dich ist, für seine Erfüllung sorgen wird.

Am Abend des 5. Januar, also in der letzten Rauhnacht, verbrennst du den zwölften Zettel. Aber was ist mit Wunsch Nummer 13, der übrig bleibt? Nun: Dieser Wunsch, so sagt der Brauch, ist der, für den du dich einsetzen sollst und dessen Erfüllung von dir abhängt.

Wie fühle ich mich?

Was geht in dir vor, wenn du dieses Ritual liest? Und wenn du es tatsächlich durchgeführt hast: Was sind deine Erfahrungen? Hör in dich hinein und schreib auf, was dir spontan in den Sinn kommt:

_____

_____

_____

_____

_____

Zweite Rauhnachtmeditation:
In die Stille lauschen

Diese Besinnungsübung kannst du vorzugsweise frühmorgens oder spätabends machen – am besten mitten in der Nacht. Aber nur, wenn es dir guttut. Quäle dich nicht. Der Grund dafür, diese Meditation zu diesen ungewöhnlichen Zeiten zu machen, ist, dass die Stille der Winternächte eine ganz besondere Atmosphäre verbreitet. Gerade in den dunkelsten Stunden sind die inneren Erfahrungen sehr tiefgreifend.

Zieh dich für die Meditation an einen ruhigen Ort zurück. Am besten gehst du nach draußen in die Natur, zum Beispiel in den verschneiten Wald.
Du kannst die Übung im Sitzen oder im Stehen machen. Falls du draußen übst, ist es wahrscheinlich besser, wenn du stehst. Schließ die Augen und versuche, innerlich zur Ruhe zu kommen. Richte deine Aufmerksamkeit ganz auf die Welt der Geräusche. Was kannst du hören? Vielleicht den Wind, einen Bach, ein Rascheln, Flüstern oder Tierlaute? Oder Geräusche aus dem Haus, Verkehrslärm, Hundegebell oder Glockengeläut in der Ferne?
Lass alle Klänge, die auftauchen, einfach zu dir kommen. Suche nicht nach Geräuschen, sondern lass geschehen, was geschieht. Heiße alle Klänge willkommen und lass sie durch dein Bewusstsein streichen, so wie der Wind durch die Blätter eines Baumes.
Versuche dann, auch die »inneren Geräusche« zu hören. Gedanken oder Gefühle, die in deinem Geist Lärm verursachen. Hör den inneren Geräuschen genauso gelassen zu wie den äußeren.
Lausche noch tiefer: Kannst du den Klang der Stille wahrnehmen? Beende die Meditation, indem du dich kurz auf deine Körperhaltung konzentrierst und dann die Augen wieder öffnest.

Meine Erfahrungen bei der Meditation

Jeder Mensch erlebt so eine Stille-Meditation anders. Mach dir bewusst, wie *du* sie erfahren hast: Ist es dir gelungen, die äußeren und inneren Klänge durch dich hindurchziehen zu lassen, ohne Widerstand zu erzeugen? Oder fällt es dir schwer, Geräusche wahrzunehmen, ohne sie danach zu bewerten, ob sie »gut« oder »schlecht«, »angenehm« oder »unangenehm« sind? Wie hast du Stille im Körper und wie im Geist oder deinen Gefühlen erlebt?

_____

_____

_____

_____

Die Qualitäten der Stille

Stille, das wirst du vielleicht erfahren haben, ist nicht einfach die Abwesenheit von Lärm. Was meinst du: Kannst du Stille auch inmitten äußeren Lärms erfahren? Gibt es Qualitäten wie Frieden, Entspannung, Heiterkeit oder Gelassenheit, die für dich mit »Stille« in Verbindung stehen, oder macht dir Stille eher Angst? Was hindert dich daran, noch tiefer in die Stille einzutauchen?

_____

_____

2. RAUHNACHT

_____

_____

_____

Traditionen und Bräuche

Es gibt viele Rauhnachtbräuche. Manche werden nur in einer Region gepflegt, andere sind zu speziell. Hier aber sind schon einmal einige der wichtigsten, beliebtesten und bekanntesten:

- In der Natur sind die Rauhnächte eine Zeit des Stillstands – dementsprechend sollten traditionell die Spinnräder stillstehen, und auch im übertragenen Sinne sollte auf das »Spinnen«, also das Grübeln, verzichtet werden.
- Stuben und Ställe werden mit Weihrauch geräuchert und mit Weihwasser gesegnet.
- In den Zwölften müssen neue Besen gebunden werden, da sie vor Hexerei schützen. Wird das Vieh im Frühjahr zum ersten Mal auf die Weide getrieben, legt man einen dieser Besen auf die Schwelle, denn wenn das Vieh darübergeht, wird ihm im kommenden Jahr nichts Böses widerfahren.
- Die Rauhnächte sind nicht nur heilige, sondern auch *heilende* Nächte. Heilkräuter und andere Heilmittel wirken in dieser Zeit besonders gut. Dasselbe gilt auch für Heilanwendungen aller Art.

- Trifft man in den Rauhnächten fremde Menschen, so können diese Begegnungen eine besondere Bedeutung für die Zukunft haben.
- Zu den magischen Orten, denen besondere Kräfte zugeschrieben werden, gehören Wegkreuzungen, besonders wenn sie im Wald liegen. Unverheiratete Frauen gehen in der Rauhnacht um Mitternacht zu einer Wegkreuzung, um dort ihrem zukünftigen Bräutigam zu begegnen.
- Kerzen, die bei Einbruch der Dunkelheit auf die Fensterbretter gestellt werden, sollen böse Geister vertreiben und gute anziehen
- Bettler und Bedürftige soll man in den Zwölften nie abweisen, sondern in die Stube bitten und ihnen Speis und Trank reichen.

Wie der Tag, so der Monat

Du weißt ja inzwischen, dass jede Rauhnacht mit einem Monat des folgenden Jahres in Verbindung steht. Die heutige Rauhnacht ist also eine Art Orakel für den kommenden Februar.

Achte auf die Ereignisse des Tages, gerade auch auf deine Gefühle und deine Träume! Was du in der zweiten Rauhnacht träumst, gibt dir Hinweise auf das, was im Februar besonders wichtig werden wird. Am besten, du schreibst deine Gefühle, Gedanken, Begegnungen und Träume auf.

Was hast du heute erlebt? Was könnte es über den kommenden Februar sagen?

_____

_____

2. RAUHNACHT

_____

_____

_____

_____

_____

Bauernregeln für den 26. Dezember

»Scheint am 26. Dezember die Sonne hell und klar, gibt's steigende Preise im nächsten Jahr.«

»Kommt weiße Weihnacht, ist der Winter lang und hart.«

»Windstill muss St. Stephan sein, soll der nächste Wein gedeihn.«

Ein Räucherritual

Die Räuchermischung für die zweite Rauhnacht hat eine beruhigende Wirkung. Sie hilft dir dabei, in die Stille zu gehen, und regt zugleich deine Fantasie an. Sie besteht aus

- 1 Teil Weihrauch und
- 2 Teilen Zedernholz.

Du hast ja schon ein wenig über das Räuchern auf den Seiten für die erste Rauhnacht gelesen (siehe dort den Abschnitt »Über das Räuchern«). Ich möchte dir nun aber ein ganz konkretes Räucherritual vorstellen – wenn du keinerlei Erfahrung mit Räuchern hast, ist das vielleicht hilfreich. Solch ein Ritual ist ein tiefgründiges spirituelles Erlebnis, das du allein oder mit deiner Familie durchführen kannst:

- Beginne, indem du dich vor deine Räucherschale setzt und zur Ruhe kommst. Falte deine Hände vor der Brust, schließ die Augen und atme zwölfmal tief ein und aus.
- Öffne dann deine Augen und entzünde die Kohle in der Schale. Sobald sie glüht, gib etwas von deiner Räuchermischung darauf und warte, bis sich aromatischer Rauch bildet. Mit der rauchenden Schale gehst du durch alle Räume deiner Wohnung oder deines Hauses und fächelst den Rauch in jede Ecke. Beginne an der Haustür und beweg dich von unten nach oben und im Uhrzeigersinn durch das Haus.
- Vertraue auf dein Gefühl und verweile an Orten, die du für eine stärkere spirituelle Reinigung benötigst, so lange, wie es sich für dich richtig anfühlt. Nimm dir hierfür ausreichend Zeit und eile nicht.
- Beende das Ritual wieder an deiner Haustür. Stell die Räucherschale ab, schließ deine Augen, falte die Hände vor der Brust und drücke deinen Dank gegenüber allen aus, mit denen du dich verbunden fühlst.
- Wenn du das Ritual mit anderen durchführst, zum Beispiel mit Familienmitgliedern, bildet am Ende einen Kreis, fasst euch an den Händen und lasst jeden einen Segenswunsch aussprechen.

Dieses Ritual hilft, das Zuhause und die darin lebenden Seelen zu reinigen und zu segnen. Es schafft eine Atmosphäre der Ruhe und Harmonie und stärkt die spirituelle Verbindung zwischen den Teilnehmenden.

Der Abend kommt von weit gegangen

*Der Abend kommt von weit gegangen
durch den verschneiten, leisen Tann.
Dann preßt er seine Winterwangen
an alle Fenster lauschend an.
Und stille wird ein jedes Haus;
die Alten in den Sesseln sinnen,
die Mütter sind wie Königinnen,
die Kinder wollen nicht beginnen
mit ihrem Spiel. Die Mägde spinnen
nicht mehr. Der Abend horcht nach innen,
und innen horchen sie hinaus.*

RAINER MARIA RILKE

Fühlen statt interpretieren
Ein Gedicht ist etwas anderes als ein beschreibender Text. Gedichte sprechen zu unseren Gefühlen – und diese Sprache findet zwischen den Worten statt. Lies das Gedicht in Ruhe und schreib auf, was *du* dabei fühlst. Das allein zählt:

_____

_____

_____

_____

Rezept: Rauhnacht-Apfel-Zimt-Dessert

Zu einem gelungenen Essen gehört auch ein Nachtisch. Lecker soll er sein, nicht zu fett – wir verdauen ja gerade noch das Weihnachtsessen –, und er sollte zur Winterzeit passen.
Das folgende Rezept stammt ausnahmsweise nicht von meiner Großmutter, sondern von unserer lieben Nachbarin Frau Ilse Maier.

3 bis 4 Äpfel
Butter zum Ausstreichen
der Form
½ Tasse Semmelbrösel
5 EL Zucker

1 TL Zimt
100 ml Weißwein (alternativ: Apfelsaft)
100 g Butter

Schäle die Äpfel. Die Schalen sind zwar gesund, aber zu einem Nachtisch passen sie nicht. Natürlich musst du sie dann auch entkernen. Schneide sie nun in Scheiben.
Nimm eine kleine bis mittelgroße Auflaufform und streiche sie gut mit Butter aus. Streue dann einen Teil der Semmelbrösel darüber.
Nun fügst du eine Lage auf die andere: Du legst die Apfelscheiben aus, streust dann Semmelbrösel, Zucker und Zimt darüber und wiederholst das, bis die Äpfel aufgebraucht sind. Nun gießt du noch den Wein darüber. Da Alkohol ja nicht jedem bekommt, kannst du statt des Weins auch Apfelsaft nehmen.
Streue nun noch einmal Semmelbrösel, Zucker und Zimt auf das Ganze und verteile mit einem Teelöffel gleichmäßig Butterflöckchen überall.
Den Herd hast du schon auf 175 Grad aufgeheizt und gibst nun die Auflaufform für etwa 25 Minuten hinein. Der Nachtisch ist fertig, wenn er schön goldbraun ist.

2. RAUHNACHT

Meine wichtigsten Erfahrungen in der zweiten Rauhnacht

Was an den Übungen ist mir schwergefallen?

_____
_____
_____
_____

Was hat sich beim Üben an körperlichen Empfindungen verändert?

_____
_____
_____
_____

Was hat sich beim Üben an seelischen Empfindungen verändert?

_____

_____

_____

_____

_____

Welche sonstigen Erfahrungen hatte ich mit den Übungen?

_____

_____

_____

_____

_____

2. RAUHNACHT

Was ich aus der Erfahrung der zweiten Rauhnacht mitnehme

Manche der Dinge, die du gelernt hast, sind für dich vielleicht weniger relevant oder liegen dir nicht so – doch bestimmt gibt es ein paar, die dich wirklich weitergebracht haben. Hier ist die Stelle, wo du deine wichtigsten Erfahrungen und Einsichten noch einmal notieren kannst:

_____

_____

_____

_____

_____

_____

_____

_____

_____

3. Rauhnacht
Neue Wege gehen

★ 27. Dezember
★ Fest des heiligen Apostels und
Evangelisten Johannes

Öffne dich

Nun haben wir schon die dritte Rauhnacht. Die Weihnachtsfeiertage sind vorbei, der Trubel legt sich. Die festliche Hektik lässt nach, vor allem wenn du durch die Übungen der letzten beiden Tage bereits ein wenig zur Ruhe gekommen bist. Du hast mit Altem abgeschlossen – oder es zumindest versucht – und dich ein wenig auf die Stille eingestellt.

Jetzt wird es Zeit, dass du dich für neue Erfahrungen öffnest. Die geistige Welt ist in den Rauhnächten weit geöffnet. Manche Menschen erfahren in dieser Zeit, dass sie mit den Seelen der Verstorbenen in Verbindung treten können. Das, was jenseits des Sichtbaren und Alltäglichen liegt, kannst du aber nur dann sehen, wenn du dich bereitwillig dafür öffnest.

Nimm dir genug Zeit, um »hinter den Schleier« zu schauen. Richte deine Aufmerksamkeit nach innen und fort von der Oberfläche, vom oberflächlichen Leben, dessen Reize uns im Alltag so betäuben. Das heißt nicht, dass du jetzt besonders ernst und verkniffen sein sollst. Lass Ruhe in dich einkehren. Warte ab. Lass dich vom Leben überraschen.

Nur die Achtsamkeit ist wichtig. Alles, was dir begegnet, ob Menschen oder Tiere, ob ungewohnte Stimmungen, Bilder, Erinnerungen oder andere Gedanken in deinem Geist auftauchen – urteile nicht. Lass die Dinge geschehen und frag dich, was sich hinter diesen Erfahrungen verbergen könnte. Erweitere deinen Blickwinkel. Bleib offen. Diese Offenheit kann der Anfang eines neuen Weges sein. Achte darauf, dass dein Bewusstsein heute nicht seine Gewohnheit auslebt, alles sofort in Schubladen zu stecken. Wenn du das tust, werden sich neue Wege für dich öffnen, und du kannst lernen, die Zeichen, die dir das Leben gibt, richtig zu deuten und Kontakt zur geistigen Welt aufzunehmen.

3. RAUHNACHT

Was würdest du gerne neu beginnen?

Wahrscheinlich gibt es ein paar Dinge, die du ganz neu machen möchtest. Lass es aber nicht beim »Ich möchte«, »Ich würde gern« oder »Morgen ...« bewenden. Geh andererseits auch nicht kopflos neue Wege. Mach dir erst einmal klar, was du neu beginnen oder anders machen willst. Und dann formuliere es so, dass es dich motiviert und aktiviert. Also nicht mehr »Ich möchte ...«, sondern »Ich werde ...«. Schreib ein, zwei oder drei dieser Dinge auf, und zwar so, dass sie dir Kraft geben und dich nicht entmutigen.

_____

_____

_____

_____

Schreib einen kurzen Gedanken zum Thema »Neubeginn« auf

Etwas anders als gewohnt oder ganz neu zu machen, weckt Emotionen. Oft ist es Begeisterung, aber nicht selten ist ein Neubeginn auch mit Angst verbunden. Mach dir klar, was »Neubeginn« für *dich* bedeutet:

_____

_____

_____

_____

Die »Wilde Jagd«

Die »Wilde Jagd« gehört zu den bekanntesten Mythen der Rauhnächte. Der Glaube daran wurzelt in der germanischen Mythologie und geht womöglich sogar auf vorgermanische Totenkulte zurück. Die besonderen Erscheinungen am Nachthimmel, die in der Zeit der Rauhnächte beobachtet werden können, wurden damals als Jagdgesellschaft aus Geistern und Dämonen verstanden. Während die »Wilde Jagd« für gewöhnlich hoch durch die Lüfte zieht, kommt sie in den Rauhnächten auf die Erde hernieder. Die beste Haltung in dieser Zeit besteht darin, offen zu bleiben, was bedeutet, die »Geister« willkommen zu heißen und sie zu akzeptieren, zugleich aber loszulassen und uns auch wieder von ihnen zu verabschieden. Zur »Wilden Jagd« gibt es einige Bräuche:

- Während der »Wilden Jagd« solltest du möglichst im Haus bleiben. Wenn du auf freier Flur von ihr überrascht wirst, leg dich flach hin und überkreuze Hände und Füße, so wirst du nicht Schaden nehmen.
- Als Opfer für den Geisterzug werden Speisen vor die Fenster oder unter die Obstbäume gelegt, was auch eine gute Ernte fürs nächste Jahr verspricht. Zu den typischen Gaben zählen Brot, Kuchen, Fleisch, Milch und Bohnen. Aber auch Tabak, Schnaps und Geldmünzen helfen, die Geister zu beschwichtigen.
- In Schweden legen Bauern ein Büschel Heu für Odins Schimmel bereit, um sich eine gute Heuernte zu sichern.
- Wer die »Wilde Jagd« provoziert, begibt sich in Gefahr, und wer den Geisterzug aus der Nähe »erblickt«, muss für Jahre mit ihm ziehen. In anderen Worten: Wer sich unvorbereitet in die geistige Welt begibt, und den Boden unter den Füßen verliert, läuft Gefahr, sich von der Realität zu entfremden und »geisteskrank« zu werden.
- Ausgiebiges Räuchern mit Wacholder schützt vor negativen Kräften.

Der Segensspruch für die dritte Rauhnacht

Ich bin bereit, das Neue zu wagen,
das mich zu neuem Leben führt.

Vielleicht trifft dieser Segensspruch deine Gefühle, möglicherweise aber auch nicht: Achte darauf, wie er auf dich wirkt. Er ist nicht »heilig« – ändere ihn so, dass er für dich besonders gut zutrifft. Es kann sein, dass du mit dem Segensspruch nicht ganz zufrieden bist, aber dir nicht sofort etwas einfällt. Nimm dir Zeit, besinne dich ein wenig und versuche, ein gutes Motto für den dritten Tag deiner Rauhnachtreise zu finden.
Mein persönliches Motto für diesen Tag:

_____

_____

Ein Ritual für die dritte Rauhnacht: **Abschied im Feuer**

Für dieses kraftvolle Ritual benötigst du drei Blätter Papier, einen Stift, Streichhölzer und ein feuerfestes Gefäß.
Um mit dem Ritual zu beginnen, schließt du die Augen, kommst zur Ruhe, atmest tief ein und aus. Nun spüre nach,

was dich von deinen Herzenszielen und einem erfüllten Leben abgehalten hat. Gibt es da Dinge, von denen du dich gern verabschieden möchtest?

Öffne dann die Augen, nimm Papier und Stift zur Hand, und schreib auf jedes Blatt etwas, was du loslassen möchtest. Das können Ängste sein, die dich behindern, Gewohnheiten, die dir schaden, oder auch Menschen, die dir nicht guttun. Formuliere kurz und knapp. Statt »Ich möchte nicht mehr so schnell wütend werden« schreibe einfach »Wut«. Falte dann die Blätter, leg sie in die Schale und zünde sie an. Versenke dich in das Feuer und sprich dabei wiederholt: »Ich entlasse euch aus meinem Leben. Ich lasse euch los und bin bereit für das Neue.«

Wenn die Flamme erloschen ist, schließe kurz die Augen und spüre nach, was in dir vorgeht.

Wie fühle ich mich?

Was geht in dir vor, wenn du dieses Ritual liest? Und wenn du es tatsächlich durchgeführt hast: Was sind deine Erfahrungen? Hör in dich hinein und schreib auf, was dir spontan in den Sinn kommt:

_____

_____

_____

_____

3. RAUHNACHT

Räuchermischung zum Schutz vor der »Wilden Jagd«

Ich habe ja schon ein wenig zur »Wilden Jagd« erzählt. In den Sagen klingt das oft sehr bedrohlich und schaurig. Nun muss man nicht unbedingt an alte Sagen und an Gespenster glauben, um das nachvollziehen zu können. Die »Wilde Jagd« kann man auch als innere seelische Kräfte sehen, mit denen wir nicht versöhnt sind. Oder noch »wissenschaftlicher«: Die dunkle, stille, kalte Zeit macht uns anfälliger für seelische Probleme wie Depressionen.

Die alten Bräuche sind natürlich nicht wissenschaftlich formuliert, doch in ihnen steckt jahrtausendealte Weisheit. So ist vielleicht ein althergebrachter Schutz auch ein Schutz gegen Winterdepressionen: das Räuchern mit Wacholder.

Mach das heute nach Möglichkeit besonders ausführlich, und zwar in allen Räumen, in denen du dich regelmäßig aufhältst. Dazu sagt man während des Räucherns leise folgenden Spruch auf, der immer wieder wiederholt wird: »Glück ins Haus, Unglück hinaus.«

Die Räuchermischung für die dritte Rauhnacht hat eine schützende und zugleich geistig aktivierende Wirkung. Sie besteht aus

- 3 Teilen Wacholderbeeren,
- 1 Teil Wacholderspitzen und
- 1 Teil Weihrauch.

Wie geht es mir in der dunklen Zeit?

Jeder reagiert anders auf die winterliche Dunkelheit. Wie ist es bei dir? Horch in dich hinein und schreib auf, was dir dazu einfällt:

_____

_____

_____

Dritte Rauhnachtmeditation: *Was ist jetzt?*

Manche Übungen, die viel in uns bewirken können, sind ganz kurz und sehr einfach. Die Besinnungsübung »Was ist jetzt?« gehört dazu. Ich habe sie dir hier für eine Fünfminutenmeditation beschrieben. Natürlich kannst du auch viel länger dabeibleiben. Aber interessanter ist vielleicht, dass du sie auch ganz kurz, in wenigen Sekunden, üben kannst, das aber immer wieder während des Tages – oder auch in der Nacht.

Setz dich aufrecht und entspannt hin. Schließ deine Augen, lass deinen Atem und deine Gedanken zur Ruhe kommen.

Öffne dich nun nach einigen Atemzügen ganz für den gegenwärtigen Augenblick. Stell dir innerlich die Fragen: »Was ist jetzt, in diesem Moment da? Was passiert gerade? Was kann ich in genau diesem Moment wahrnehmen?« Suche nicht nach Bildern, Erfahrungen und Erinnerungen. Nimm einfach nur wahr, wo deine Aufmerksamkeit natürlicherweise hinfließt. Vielleicht ist es eine Körperempfindung wie kalte Füße, ein Jucken am Rücken, das Gefühl von Spannungen. Vielleicht sind es Geräusche, vielleicht Gedanken, Erinnerungen oder Pläne, die in deinem Bewusstsein auftauchen. Was immer du gerade wahrnimmst: Akzeptiere es, lass es da sein und versuche nicht, es zu verändern. Versuche, nichts festzuhalten, weder das Angenehme noch das Unangenehme. Offen für den Moment sein – das ist alles. Richte deine Aufmerksamkeit nach einigen Minuten wieder auf deine Körperhaltung. Nimm dir noch zwei bis drei Atemzüge Zeit, bevor du die Augen wieder öffnest. Wenn du ein wenig Erfahrung damit hast, kannst du diese kleine Übung in wenigen Sekunden durchführen: Du machst dir bewusst, was jetzt da ist. Immer wieder einmal. Dein Bewusstsein wird dadurch weiter werden!

3. RAUHNACHT

Meine Erfahrungen bei der Meditation

Bei der Besinnungsübung ging es um Wachheit und darum, zu merken, was wirklich passiert – aber auch darum, nicht sofort alles zu bewerten, was geschieht. Fiel dir das leicht? Was hat dich abgelenkt? Was ging in dir dabei vor?

_____

_____

_____

_____

Die Angst vor dem Neuen
Das Ziel einer Besinnungsübung ist, den Geist zu klären und vom Unwesentlichen zum Wesentlichen zu gelangen, damit neue Erfahrungen und Einsichten an die Oberfläche des Bewusstseins steigen können. Der Atem kommt und geht ganz natürlich. Was erlebst du bei den folgenden Aussagen?

Meine größte Befürchtung bei Veränderungen ist:

_____

_____

_____

Folgendes passiert, wenn ich die Veränderung *nicht* vornehme:

_____

_____

_____

Traditionen und Bräuche

Schon vor tausend Jahren gab es den Brauch, vor jeder Reise einen Abschiedstrunk zu nehmen. Dieser Trunk war nicht irgendein Getränk, sondern geweihter Wein. Und dieser Wein wurde am 27. Dezember gesegnet. Ihn zu trinken, hieß daher Johannessegen. Der heilige Johannes – angeblich der Lieblingsjünger Jesu – hatte nämlich, um einen Ungläubigen zu bekehren, einen vergifteten Trunk zu sich genommen. In der Tradition heißt es, dass alle, die von dem gesegneten Wein trinken, vor giftigen Krankheiten und Seuchen bewahrt bleiben und sich ihr Seelenheil erhalten. Früher brachten Kirchgänger am 27. Dezember eine Flasche Wein mit in die Kirche und ließen sie segnen. Auch bei uns war das so. Vater, Mutter, Großmutter und Großvater brachten jeder eine Flasche, sodass für das Jahr gesorgt war, denn der Wein konnte bei Schwächeanfällen und Krankheiten als Tonikum tropfenweise eingenommen werden. Für uns Kinder war der Johannessegen ein ganz besonderes Ereignis. Wir durften sonst natürlich keinen Wein trinken – doch an diesem Tag wohl. Nur einen Schluck.

3. RAUHNACHT

Wie der Tag, so der Monat

Du weißt ja inzwischen, dass jede Rauhnacht mit dem korrespondierenden Monat des folgenden Jahres in Verbindung steht. Heute ist es also der März.
Achte auf das, was dir heute begegnet – gerade auch im Traum! –, und notiere es. Im März wird es bedeutsam:

_____

_____

_____

_____

_____

 *Bauernregel für den 27. Dezember*

»Hat der Evangelist Johannes Eis,
dann macht es der Täufer Johannes (24. Juni) heiß.«

Das »Ahnentischchen«
Das »Ahnentischchen« ist ein kleines Rauhnachtritual, das insbesondere in Süddeutschland und Österreich früher in vielen Familien zelebriert wurde. Dabei geht es vor allem darum, der Verstorbenen zu gedenken und den Geist für die Wirklichkeit zu öffnen, die jenseits der Zeit ist.

Ein Ahnentischchen aufzustellen, ist nicht schwer. Du nimmst einen kleinen Tisch, legst eine schöne Decke darauf und dekorierst ihn mit Tannenzweigen, Moos, Rindenstückchen, Tannenzapfen, aber auch mit Äpfeln, Nüssen, Trockenfrüchten und Weihnachtsplätzchen. Folge einfach deiner Intuition und deiner Fantasie. Und dann stell für jeden Verstorbenen, mit dem du dich verbunden fühlst, eine kleine Kerze auf. Nimm dir jeden Tag ein paar Minuten, um dich still an das Tischchen zu setzen. Vielleicht tauchen Erinnerungen an die verstorbenen Menschen auf, die in deinem Herzen weiterleben. Sei offen für alles, was passieren mag.

Wie fühle ich mich?

Hier kannst du notieren, was in dir vorgegangen ist, als du vor dem Ahnentischchen gesessen hast. Was sind deine Erfahrungen? Höre in dich hinein:

_____

_____

_____

_____

_____

Rezept: Rauhnachtsuppe

Meine Großmutter hat zu den Rauhnächten oft eine Suppe gekocht, die einfach und wärmend ist. Sie ist nicht nur lecker, sondern sie steht auch für die Einfachheit und Besinnung, die für die Rauhnächte so prägend sind. Sie lässt sich gut mit frischem Brot oder als Vorspeise für ein größeres Rauhnachtsmahl genießen.

1 Zwiebel	1 EL Pflanzenöl
2 Karotten	1 ½ Liter Gemüsebrühe
2 Stangen Sellerie	1 Lorbeerblatt
1 Pastinake	1 TL getrockneter Thymian
2 Kartoffeln	Salz und Pfeffer nach Geschmack

Bereite das Gemüse vor: Zwiebel, Karotten, Sellerie, Pastinake und Kartoffeln waschen, schälen und in kleine Würfel schneiden.

Brate das Gemüse an: In einem großen Topf das Pflanzenöl erhitzen. Zwiebeln hinzufügen und glasig anbraten. Dann Karotten, Sellerie und Pastinake dazugeben und einige Minuten mitbraten, bis das Gemüse leicht gebräunt ist.

Koch die Suppe: Die gewürfelten Kartoffeln hinzufügen. Mit Gemüsebrühe auffüllen, sodass das Gemüse bedeckt ist. Lorbeerblatt und Thymian hinzufügen. Die Suppe zum Kochen bringen und dann die Hitze reduzieren. Etwa 20 bis 30 Minuten köcheln lassen, bis das Gemüse weich ist.

Nun noch mit Salz und Pfeffer abschmecken. Eventuell zusätzliche Kräuter oder Gewürze nach Geschmack hinzufügen.

Meine wichtigsten Erfahrungen in der dritten Rauhnacht

Was an den Übungen ist mir schwergefallen?

_____

_____

_____

Was hat sich beim Üben an körperlichen Empfindungen verändert?

_____

_____

_____

Was hat sich beim Üben an seelischen Empfindungen verändert?

_____

_____

_____

Welche sonstigen Erfahrungen hatte ich mit den Übungen?

_____

_____

_____

Was ich aus der Erfahrung der dritten Rauhnacht mitnehme

Manche der Dinge, die du gelernt hast, sind für dich vielleicht weniger relevant oder liegen dir nicht so – doch bestimmt gibt es ein paar, die dich wirklich weitergebracht haben. Hier ist die Stelle, wo du deine wichtigsten Erfahrungen und Einsichten noch einmal notieren kannst:

_____

_____

_____

_____

_____

_____

4. Rauhnacht

Vertrauen finden

★ 28. Dezember
★ Fest der unschuldigen Kinder
★ Fetzeltag

Vertrauen und Weisheit

Heute ist das »Fest der unschuldigen Kinder«, das an ein ziemlich grausames Kapitel der Bibel erinnert. Das Matthäus-Evangelium berichtet über die Umstände zur Zeit der Geburt Jesu und die »Heiligen Drei Könige« – und dass König Herodes aus Angst vor dem neugeborenen »König der Juden« alle Jungen bis zum Alter von zwei Jahren ermorden ließ. Das brachte ihm aber nicht viel ein, da Josef eine Traumbotschaft erhalten hatte, in der ihm aufgetragen worden war, mit Frau und Kind nach Ägypten zu fliehen. So entging Jesus dem Zorn des Herodes, da sein Ziehvater Gottes Botschaft vertraut hatte.

»Vertrauen« ist das Thema der heutigen Rauhnacht. Dieser Tag erinnert uns daran, wie wichtig Vertrauen ist. Nun ist es ja nicht immer leicht, zu

vertrauen. Die moderne Welt ist oft von Unsicherheit und Veränderung geprägt – da kann Vertrauen eine echte Herausforderung sein. Es erfordert Mut, sich selbst und anderen gegenüber offen zu sein und ihnen zu vertrauen, besonders in Zeiten, in denen Misstrauen und Skepsis nur allzu leicht aufkommen können – und skeptisch zu sein, genau hinzusehen, kritisch zu sein, ist ja auch wertvoll und in der Regel besser als blinder Glaube. Vertrauen ist jedoch nicht blinder Glaube; es ist ein bewusster Akt der Hoffnung und des Optimismus. Weisheit liegt in der Erkenntnis, dass Vertrauen ein Geschenk ist, das gepflegt und geschützt werden muss.

In den Rauhnächten, einer Zeit der Besinnung und des Innehaltens, hast du die Gelegenheit, über das vergangene Jahr nachzudenken und dich auf das kommende vorzubereiten. Es ist eine Zeit, in der du die Bedeutung von Vertrauen in deinem Leben reflektieren kannst. Wie hast du wem gegenüber im vergangenen Jahr Vertrauen gezeigt? Was waren deine Erfahrungen dabei? In welchen Bereichen deines Lebens möchtest du mehr Vertrauen entwickeln?

Wem kannst du vertrauen?

Fällt es dir leicht zu vertrauen? Oder meinst du, dass Vertrauen zwar gut, aber Kontrolle besser ist? Oder siehst du genau hin und entscheidest, wem du dein Vertrauen schenken willst? Es ist sehr hilfreich, sich klarzumachen, wie man zum Vertrauen steht. Da gibt es kein Richtig oder

Falsch. Aber es sich bewusst zu machen, wem, was und warum man vertraut oder misstraut, ist wichtig. Schreib alles auf, was dir spontan zu dem Thema einfällt.

_____

_____

_____

_____

Schreib einen kurzen Gedanken zum Thema »Vertrauen« auf

Du hast dir gerade schon Gedanken zum Thema »Vertrauen« gemacht. Versuche, die Gedanken und Gefühle, die du mit Vertrauen in Verbindung bringst, in einen prägnanten Satz zu fassen. Dadurch wirst du an Klarheit gewinnen, die dich auf deinem Lebensweg leitet.

_____

_____

_____

_____

_____

Narrenfest und Eselsmesse

In den Jahren 680/81 fand das dritte Konzil in Konstantinopel statt (das sechste ökumenische Konzil). Dort wurden wichtige kirchenpolitische Weichen gestellt. Aber auch etwas eher Nebensächliches wurde beschlossen: Das »Festum Puerorum«, das Fest der unschuldigen Kinder, wurde verboten. Warum gerade das? Nun, die alten, vorchristlichen Glaubensvorstellungen waren trotz aller Bemühungen noch nicht völlig ausgerottet. Und so schlichen sich immer wieder alte Bräuche in die neuen christlichen Feste ein, was den Kirchenoberen gar nicht gefiel. Beim »Festum Puerorum« war das ein Narrenfest in der Tradition der römischen Saturnalien und keltischer Tiervermummungsfeiern. Beim Volk waren diese Bräuche so beliebt, dass das Verbot des Konzils nichts half. Es wurde trotzdem mit Narrenspielen wie der »Eselsmesse« gefeiert. Und das nicht nur im sogenannten gemeinen Volk. Bis ins Mittelalter hinein wurde am Fest der unschuldigen Kinder der jüngste Bruder des Klosters auf den Stuhl des Abtes gesetzt – für einen Tag führte er die Gemeinschaft. Die Evangelischen verstanden weniger Spaß und schafften den Brauch ab. Aber auch in den meisten katholischen Gegenden Deutschlands starb er im 18. Jahrhundert aus. Im Süden, gerade in Teilen Österreichs und Bayerns, lebt der Brauch jedoch weiter, so hat der 28. Dezember auch heute noch die volkstümliche Bezeichnung »Fetzeltag«. Ich habe das »Fetzeln« noch erlebt: Dabei dürfen die Kinder den Erwachsenen sanfte Rutenschläge verabreichen – und ihnen dabei Glück und Gesundheit fürs kommende Jahr wünschen. Zum Dank bekommen sie dann von den Erwachsenen kleine Geschenke, Geld oder Süßigkeiten:

»Frisch und g'sund, frisch und g'sund,
lang leben und g'sund bleiben
und a glücklichs Neujahr!«

Der Segensspruch für die vierte Rauhnacht

Ich vertraue dem Leben und der Liebe.

Versuche, Worte zu finden, die dein Vertrauen stärken und dir Kraft geben. Gerade beim Vertrauen ist der Segensspruch sehr individuell. *Du* bist es, der bestimmt, was und wem du vertraust. Deshalb solltest du meinen Vorschlag wirklich nur als solchen betrachten: Es ist sehr gut möglich, dass du Worte findest, die für dich viel treffender sind – die solltest du dann auch verwenden. Besinne dich ein wenig und versuche, ein gutes Motto für den vierten Tag deiner Rauhnachtreise zu formulieren.
Mein persönliches Motto für diesen Tag:

_____

_____

Ein Ritual für die vierte Rauhnacht: **Vergebungsritual**

Du brauchst für dieses kleine, aber sehr kraftvolle Ritual nur ein Blatt Papier, einen Stift, drei Kerzen, eine feuerfeste Schüssel (Kochtopf) und ein Feuerzeug.
Komm ein wenig zur Ruhe, atme tief durch und schließ die

4. RAUHNACHT

Augen. Mach in Gedanken einen Schnelldurchlauf durch deine Vergangenheit. Halte inne, wenn du auf eine Situation stößt, wo dich jemand verletzt hat und du es bis heute nicht wirklich überwunden hast.

Öffne dann die Augen und schreibe auf, wer dich verletzt hat und was damals genau geschehen ist. Zünde drei Kerzen an: Eine steht für die Vergangenheit, eine für die Gegenwart und eine für die Zukunft.

Falte nun das Blatt mehrmals, zerreiß es dann in drei Teile und verbrenne jedes Teil mit jeweils einer Kerze: Rituell verbrennst du damit den Schmerz der Vergangenheit, der Gegenwart und der Zukunft. Spüre, wie der alte Schmerz zu Asche wird und dir das Verzeihen ermöglicht. Jetzt kannst du loslassen und frei sein.

Wie fühle ich mich?

Was geht in dir vor, wenn du dieses Ritual liest? Und wenn du es tatsächlich durchgeführt hast: Was sind deine Erfahrungen? Hör in dich hinein und schreib auf, was dir spontan in den Sinn kommt:

_____

_____

_____

_____

_____

Rituale

Was sind Rituale eigentlich? Grundsätzlich sind es feierliche, achtsam durchgeführte Handlungen, die nach bestimmten Regeln vollzogen werden. Manchmal sind diese Regeln sehr alt und bestimmen viele Einzelheiten, beispielsweise in der katholischen Messe. Doch Rituale werden nicht zu Ritualen, weil sie alt sind. Du kannst dir deine persönlichen Rituale schaffen. Wichtig ist nur, dass du die jeweiligen Regeln auch wirklich befolgst und die entsprechende Reihenfolge der Handlungen einhältst.

Viele Rauhnachtrituale haben ihre Wurzeln im alten Volksglauben, in Sagen und Mythen. Heute besteht die Herausforderung darin, sie nicht

»leer« werden zu lassen – denn das geschieht, wenn man ein Ritual nur noch mechanisch durchführt. Wir müssen nach eigenen Wegen suchen und dabei unsere ganz eigene Form von Ritualen finden, die zu unserem Wesen und unseren Bedürfnissen passt.

Rituale helfen dabei, Alltagsgewohnheiten zu durchbrechen. Im Gegensatz zu der oft sehr oberflächlichen Routine des Alltags geht es im Ritual darum, durch eine symbolhafte Handlung etwas Größeres zum Ausdruck zu bringen. Dadurch verbinden wir uns mit einer höheren Sphäre, ganz gleich, ob es uns dabei um den Kontakt zur Geisterwelt, zu unserem höheren Selbst oder zum Göttlichen geht.

Wenn du ein Ritual ausführst, solltest du das stets würdevoll und in einer feierlichen Stimmung tun. Wenn es sinnvoll sein soll, läuft ein Ritual nicht »so nebenher« ab – es sollte ganz und gar dein Bewusstsein erfüllen.

Rituale werden erst durch die Wiederholung wirklich zu Ritualen. Es ist also gar nicht wichtig, dass von Anfang an »alles klappt«. Wichtig ist nur, überhaupt einmal zu beginnen.

4. RAUHNACHT

Vierte Rauhnachtmeditation:
Vertrauensmeditation

In der heutigen Besinnungsübung geht es natürlich um Vertrauen, und zwar um eine seiner ganz grundlegenden Formen: das Vertrauen in die Erde selbst, in das Getragensein. Auch wenn du Schwierigkeiten haben solltest, anderen Menschen zu vertrauen, wird dir dies bestimmt nicht allzu schwerfallen.
Suche dir ein Ort, an dem du Ruhe hast. Wahrscheinlich wird das dein Zimmer sein – doch ideal wäre es, wenn du nach draußen gehen könntest, in die Natur, beispielsweise in den verschneiten Wald. Dafür bedarf es allerdings einiger Vorbereitung: Zumindest brauchst du einen dicken Schlafsack und warme Kleidung …
Du liegst bei dieser Meditation auf dem Rücken.
Schließ die Augen und lass deine Gedanken ruhig werden. Richte dann deine Aufmerksamkeit auf deinen Körper. Achte nur auf die Schwere deines Körpers. Lass dich noch schwerer werden und spüre den Grund unter dir, spüre, wie du getragen wirst. Schenke der Erde, die dich immer trägt, so schwer du auch bist, dein ganzes Vertrauen. Und genieße das Getragensein.
Tauche ganz in das Gefühl ein. Lass deine Gedanken bei dem Vertrauen in die Erde und beginne dann damit, dieses Gefühl auszudehnen. Nicht nur die Erde trägt dich – du bist von deinem ganzen Leben getragen. Vielleicht kannst du das Gefühl des Vertrauens auch auf Menschen ausweiten.
Spüre die Wärme des Vertrauens und die Schwere deines Körpers. Beende die Meditation, wenn du dich warm und getragen fühlst. Öffne die Augen und spüre dem Gefühl noch ein wenig nach.

Meine Erfahrungen bei der Meditation

Vielleicht merkst du bei dieser Meditationsübung, dass Vertrauen nicht nur eine Sache des Geistes ist, sondern auch im Körper wohnt. Wie ist es dir bei der Übung ergangen? Konntest du das Grundvertrauen erleben, von der Erde getragen zu sein? Oder konntest du noch darüber hinausgehen? Was ist dir leichtgefallen, was hat dich abgelenkt? Was ist in deinen Gedanken und Gefühlen vorgegangen?

_____

_____

_____

_____

Vertrauen in dir finden

Die Vertrauensmeditation kann nach und nach Blockaden lösen, den Geist klären und dir helfen, vom Unwesentlichen zum Wesentlichen zu gelangen. Wenn es dir gelingt, mehr Vertrauen in dein Leben zu lassen, wirst du neue Erfahrungen und Einsichten gewinnen, die an die Oberfläche des Bewusstseins steigen. Wie reagierst du auf die folgenden Aussagen?

Ich kann vertrauen, ohne Angst zu haben.

_____

_____

4. RAUHNACHT

_____

_____

Misstrauen ist eine Schwäche.

_____

_____

_____

_____

Traditionen und Bräuche

- Fremden Tieren ist in den Zwölften nicht zu trauen. Oft nehmen Hexen und Dämonen ihre Gestalt an, um sich unbemerkt in Haus, Hof und Stall einzuschleichen. Bekreuzigt man sich dreimal gegen sie, ist man aber vor ihnen geschützt.
- In den Zwölften können die Tiere sprechen, aber man soll sie dabei nicht belauschen.
- Füttert man die Hühner in den Rauhnächten mit Erbsen, legen sie viele Eier.
- In den Wolfsnächten darf man keine Schuhe und Stiefel wienern.

Wie der Tag, so der Monat

Du weißt ja, dass jede Rauhnacht mit einem Monat des folgenden Jahres in Verbindung steht. Bei der vierten Rauhnacht ist es der vierte Monat des neuen Jahres, also der April.

Achte vor allem auf deine Träume. Was du in der vierten Rauhnacht träumst, gibt dir Hinweise auf das, was im April geschehen wird.

Was hast du heute geträumt und erlebt?

_____

_____

_____

_____

_____

28 Bauernregeln für den 28. Dezember

»Sitzen die unschuldigen Kindlein in der Kälte,
vergeht der Frost nicht in Bälde.«

»Schneit's an unschuldige Kindl,
fährt der Jänner in die Schindel.«

Selbstvertrauen und Gottvertrauen

Selbstvertrauen ist das Fundament, auf dem wir unser Leben aufbauen. Es ist der Glaube an uns selbst und an unsere Fähigkeiten. Selbstvertrauen bedeutet, sich seiner Stärken und Schwächen bewusst zu sein und dennoch den Mut zu haben, Herausforderungen anzunehmen und Risiken einzugehen. Es ist nicht die Abwesenheit von Zweifeln, sondern die Entscheidung, sich von ihnen nicht lähmen zu lassen. Selbstvertrauen ist das innere Wissen, dass wir fähig sind, mit den Höhen und Tiefen des Lebens umzugehen. Es ermutigt uns, unsere Träume und Ziele zu verfolgen und die Verantwortung für unser Leben und unsere Entscheidungen zu übernehmen.

Gottvertrauen hingegen geht über das persönliche Selbst hinaus und bezieht sich auf unseren Glauben an eine höhere Macht. Das muss nicht Gott sein. Es ist der Glaube, dass es das Universum im Großen und Ganzen gut mit uns meint. Gottvertrauen bedeutet, Hoffnung und Trost in den schwierigsten Zeiten zu finden und davon auszugehen, dass es einen größeren Plan für unser Leben gibt. Diese Sichtweise hilft uns, in Situationen, die außerhalb unserer Kontrolle liegen, Gelassenheit zu finden, und erinnert uns daran, dass wir in all den Kämpfen und Herausforderungen des Lebens nicht allein sind.

Durch die Harmonie von Selbstvertrauen und Gottvertrauen kannst du eine Balance zwischen persönlicher Verantwortung und spiritueller Hingabe finden, die dein Leben tiefgreifend bereichern kann.

Rezepte: Rauhnachttees

Teetrinken ist mehr als nur Flüssigkeitsaufnahme. Das Teetrinken selbst ist ein kleines Ritual, und jeder Tee hat eine subtile Wirkung auf unseren Körper und unsere Seele. Wenn du das Ritual des Teetrinkens magst, kannst du in den Rauhnächten mal ein paar besondere Teemischungen ausprobieren.

Rauhnacht-Krafttee: **Echinacea, Thymian, Ingwer**
Diese Teemischung wirkt sich sehr positiv auf die körperliche Gesundheit und das Immunsystem aus. Das ist gerade in der kalten, dunklen Winterzeit besonders wichtig. Dieser Tee ist gut für alle Rauhnächte, vor allem, wenn du leicht krank wirst.

Rauhnachttee für klares Bewusstsein: **Beifuß, Rosmarin, Salbei**
Diese Kräutermischung hilft, negative Energien abzuwehren und Klarheit in die Gedanken zu bringen. Der Tee ist ideal für den Beginn des neuen Jahres. Daher wird er traditionell am 1. Januar getrunken, um das neue Jahr mit einem reinen Geist zu beginnen.

Spiritueller Rauhnachttee: **Ringelblume, Wacholderbeeren, Weißdorn**
Diese Teemischung trifft den Kern der Rauhnächte. Sie fördert nämlich spirituelle Visionen und die Intuition. Wenn du die Rauhnachtreise als einen spirituellen Weg betrachtest, wirst du diesen Tee sehr gern trinken. Traditionell wurde er am 24. Dezember genossen, um spirituelle Führung und Inspiration für das kommende Jahr zu erhalten.

Rauhnachttee für inneren Frieden: **Lavendel, Kamille, Johanniskraut**
Dieser Tee ist ideal, wenn es dir an innerem Frieden fehlt, wenn du unruhig oder deprimiert bist, denn die Zutaten fördern Entspannung, erholsamen Schlaf und wirken depressiven Verstimmungen entgegen.

Meine wichtigsten Erfahrungen in der vierten Rauhnacht

Was an den Übungen ist mir schwergefallen?

_____

_____

_____

Was hat sich beim Üben an körperlichen Empfindungen verändert?

_____

_____

_____

Was hat sich beim Üben an seelischen Empfindungen verändert?

_____

_____

_____

4. RAUHNACHT

Welche sonstigen Erfahrungen hatte ich mit den Übungen?

_____

_____

_____

Was ich aus der Erfahrung der vierten Rauhnacht mitnehme

Manche der Dinge, die du gelernt hast, sind für dich vielleicht weniger relevant oder liegen dir nicht so – doch bestimmt gibt es ein paar, die dich wirklich weitergebracht haben. Hier ist die Stelle, wo du deine wichtigsten Erfahrungen und Einsichten noch einmal notieren kannst:

_____

_____

_____

_____

_____

_____

5. Rauhnacht

Den Körper heiligen

★ 29. Dezember
★ König-David-Tag

Leib und Seele

Wenn wir sagen: »Wir *haben* Leib und Seele«, ist das etwas irreführend, wie ich meine. Wer ist es denn dann, der den Leib und die Seele *hat?* Vielleicht wäre es klarer zu sagen: »Wir *sind* Leib und Seele.«

Dass wir Seelen sind, müsste eigentlich jedem einleuchten. Auch wer nicht an eine unsterbliche Seele glaubt und ganz Materialist ist, meint seine Seele, wenn er vom »Ich« spricht. Vielleicht nennt er sie dann »Geist«. Aber im Grunde meinen wir dasselbe. Unser Denken und Fühlen und noch mehr unsere dem zugrunde liegende Persönlichkeit: Das ist die Seele – oder zumindest ein Teil davon.

»Der Körper, pah! Der ist ja nur eine Hülle aus Fleisch«, meinen manche, auch viele sehr religiöse Menschen. Das scheint mir ein bisschen naiv und auch ein wenig überheblich. Unser Körper ist ein Wunderwerk Gottes beziehungsweise der Natur. Auf jeden Fall etwas, was Respekt und Aufmerksamkeit verdient. Stell dir nur mal vor, ohne Körper auszukommen, und du wirst sehen, dass du nicht lediglich beim Fußballspielen Probleme bekommst.

Aber im Ernst: Wir sind körperlicher, als wir glauben. Auch als Materialisten. Unsere Gefühle zum Beispiel sind eng mit körperlichen Vorgängen verbunden, ebenso unsere Gedanken. Wenn wir glücklich sind, kreisen andere Hormone in unserer Blutbahn, als wenn wir verzweifelt sind. Wenn wir bestimmte Pilze essen, sehen wir Dinge, die wir sonst nicht sehen – Schamanen aller Kulturen, auch unserer, haben solche halluzinogenen Pilze benutzt, um mit der Geisterwelt in Kontakt zu treten. Aber es braucht keine Substanzen, um unseren Geisteszustand zu verändern. Auch tiefes Atmen, Meditation, rituelle Feiern, Sex … vieles, was sich zunächst im Körperlichen abspielt, wirkt auf unsere Seele.

Kann man Seele und Körper wirklich trennen? Jedenfalls wollen wir den heutigen Tag nutzen, um den Leib zu heiligen – ohne dabei die Seele zu vergessen.

5. RAUHNACHT

Wie ist dein Verhältnis zu deinem Körper?

Die Menschen gehen ganz unterschiedlich mit ihrem Körper um. Manche lieben ihn, ja, sie pflegen ihn von morgens bis abends. Andere haben so große Probleme damit, dass sie sich sogar unters Messer legen, um »schöner« zu werden. Und wieder andere verachten alles Körperliche. Aber das Einzige, worauf es hier ankommt, ist, was *du* fühlst:

_____

_____

_____

_____

Schreib in einem Satz, was dein Körper für dich ist

Vermutlich hast du jetzt angefangen, dir ein wenig Gedanken darüber zu machen, was dein Körper für dich bedeutet. Doch es ist nicht ganz so wichtig, was du darüber *denkst,* sondern was du darüber *fühlst*. Versuche, Klarheit über deine Gedanken und Gefühle bezüglich deines Körpers zu gewinnen und in einem Satz zusammenzufassen.

_____

_____

_____

Beltane und Walpurgisnacht

Du hast sicher schon von der Walpurgisnacht gehört. Aber kennst du auch Beltane, das am Vorabend zum und am ersten Mai gefeiert wird? Und warum spreche ich hier, mitten im Winter, von Maifeiern?

Wenn du bereits in den vergangenen Rauhnächten mit diesem Tagebuch gearbeitet hast, ahnst du es vielleicht schon: Heute ist die fünfte Rauhnacht – und die steht in Zusammenhang mit dem fünften Monat, dem Mai. Im Mai aber wird an vielen Orten der Welt gefeiert. Es sind Feiern der Lebensfreude; es sind Lichtfeste, Ausdruck der übersprudelnden Lebenskraft. Die Menschen tanzen, singen und freuen sich des Lebens. Du kennst sicher die Maibaumfeste, bei denen am ersten Mai der Maibaum aufgestellt und um ihn getanzt wird. Diese Tradition stammt aus vorchristlicher Zeit – und ist in ganz Europa verbreitet, vor allem in Mittel- und Nordeuropa. Aber auch im Süden gibt es ähnliche Bräuche, in Italien zum Beispiel das Fest »Calendimaggio« oder »Cantamaggio«, ein Frühlingsfest mit Gesang, Musik und manchmal auch mit dem Aufstellen eines symbolischen Baumes.

Am ersten Mai wird gefeiert. Doch die Nacht davor hat es in sich: Es ist die *Walpurgisnacht,* in der sich Hexen auf dem Blocksberg versammeln. So will es zumindest die Legende, die im Zuge der Christianisierung entstanden ist. Tatsächlich gab es schon lange Feste an diesem Tag. Bei den Kelten war es das große Fest Beltane, das die körperliche Liebe und das Leben feierte – und das war den christlichen Missionaren suspekt. Denn den Körper zu heiligen, war verpönt. Doch es ging nicht nur um das Körperliche: Beltane war ebenso eine Zeit der Zusammenkunft und der Gemeinschaft, in der auch Entscheidungen getroffen wurden. Immer aber wurde getanzt, gesungen, musiziert, geliebt und der Beginn des Sommers gefeiert – rund um den Baum, ganz ähnlich wie heute.

5. RAUHNACHT

Der Segensspruch für die fünfte Rauhnacht

Mein Körper ist der Tempel,
in dem sich meine Seele erhaben fühlen kann.

Falls dir die Metapher des Tempels nicht gefällt, suche nach Worten, die für dich passender sind, um die Heiligkeit des Körpers zu beschreiben. Wenn dir nicht gleich etwas einfällt, ist das nicht schlimm. Nimm dir Zeit, denk ein wenig nach und versuche, ein gutes Motto für den fünften Tag deiner Rauhnachtreise zu finden.

Mein persönliches Motto für diesen Tag:

_____

_____

Ein Ritual für die fünfte Rauhnacht: **Der Baum erwacht**

Für dieses Ritual ist es besonders gut, wenn es in der freien Natur, am besten im Wald durchgeführt werden kann. Es symbolisiert das Erwachen und Wachsen eines Baumes.

Bei diesem Ritual stehst du zunächst. Wenn du kannst, schließe die Augen und nimm die Atmosphäre um dich

herum wahr. Im Wald kann das schon eine bereichernde Erfahrung sein. Falls du das Ritual zu Hause durchführst, stell dir zumindest vor, dass du in einem alten Wald stehst.

Wenn du dich auf diese Art und Weise eingestimmt hast, lass die Augen geschlossen und geh in die Hocke. Fällt es dir schwer, in die Hocke zu gehen, geh ein wenig in die Knie, schlinge deine Arme um deinen Körper, als würdest du dich umarmen, und ziehe das Kinn zur Brust. Diese Haltung symbolisiert den Samen des Baumes. Nun richte dich ganz langsam auf. Hebe den Kopf und breite deine Arme aus wie ein Baum, der aus der Erde wächst und seine Äste dem Licht entgegenstreckt. Öffne, wieder ganz langsam, deine Augen. Schließlich stehst du ganz aufrecht, hast die Arme erhoben und schaust in den Himmel. Der Baum ist erwacht. Bleib noch ein Weilchen stehen, solange es sich gut anfühlt, und spüre, was in dir geschieht.

Wie fühle ich mich?

Was geht in dir vor, wenn du dieses Ritual liest? Und wenn du es tatsächlich durchgeführt hast: Was sind deine Erfahrungen? Hör in dich hinein und schreib auf, was dir spontan in den Sinn kommt:

_____

_____

_____

_____

Mehr als eine bloße Hülle

Wer den Körper nur als materielle Substanz betrachtet, unterschätzt seine Bedeutung erheblich. Wie die Rauhnächte nicht nur kalte Winternächte sind, sondern eine Brücke zwischen den Welten, so ist unser Körper nicht nur eine Hülle, sondern das Medium, wodurch sich das Unsichtbare manifestiert.

Auf meinen Reisen durch die Welt habe ich erfahren, dass fast jede Kultur in irgendeiner Form den Körper ehrt. Auch unseren germanischen und keltischen Vorfahren war die Verbindung des Leiblichen mit dem Seelischen noch selbstverständlich, wie es die sinnesfrohen Feste zeigen, zum Beispiel Beltane. Im Zuge der Christianisierung ging diese Tradition leider größtenteils verloren. Doch niemals ganz. Auch in die christlichen Feste sind Elemente der Kultur unserer Vorfahren eingeflossen. Wir müssen nur hinschauen.

In den Rauhnächten ist es besonders gut, diese Verbindung wieder zu wecken. Die Rauhnächte sind eine spirituelle Zeit des Jahres, keine intellektuelle! Es ist sehr wichtig – gerade in den Rauhnächten –, Spiritualität nicht mit Gedankenspielen zu verwechseln.

Tradition und Brauchtum sind keine esoterischen Lehren. Wenn wir sie lebendig verstehen, führen sie uns zu unseren Wurzeln. Aus unserem Körper speist sich die Weisheit unserer Ahnen, unser Körper ist Träger unserer Intuition und der Instinkte, die uns seit Urzeiten leiten. Als Bauernkind, das tief mit den Zyklen der Natur verbunden ist, betrachte ich den Körper als ein Stück Land, das gepflegt, respektiert und geschätzt werden muss. Er ist Teil der Schöpfung, in der sich das Göttliche offenbart – in jedem Atemzug, in jedem Herzschlag.

So wie die Rauhnächte eine Zeit der Einkehr und Besinnung sind, bietet uns der Körper die Möglichkeit, nach innen zu schauen und uns selbst besser zu verstehen. Er ist der Schlüssel zu einer tieferen Erkenntnis, die weit über das Physische hinausgeht. Betrachten wir also den Körper nicht als bloße Hülle, sondern als den wertvollen Gefährten, der er ist.

Fünfte Rauhnachtmeditation:
Was macht mein Körper?

Die Besinnungsübung, die ich dir nun vorstellen möchte, richtet deine Aufmerksamkeit ganz auf deinen Körper. Sicher wirst du dabei Interessantes entdecken …

Sitze entspannt und mit geradem Rücken auf einem Stuhl oder auf dem Boden. Schließe die Augen und achte darauf, wie sich die Bauchdecke beim Einatmen hebt und beim Ausatmen senkt. Lass den Atem natürlich fließen, ohne ihn zu beeinflussen.
Konzentrier dich jetzt auf deine Körperhaltung. Halte dich gerade, aber entspannt. Entspanne nacheinander Schultern, Gesicht, Bauch, Hände und Beine. Spüre die Berührungspunkte deiner Fußsohlen, Knöchel, Knie oder von deinem Gesäß mit dem Boden oder dem Stuhl.
Beginne nun, deinen Körper von unten nach oben durchzugehen, ohne etwas zu verändern. Nimm deine Füße wahr, achte auf Temperatur und Muskelspannung. Dann geh weiter zu Waden, Knien, Oberschenkeln, Gesäß, Becken, Rücken, Schultern, Bauch, Brust, Händen, Unter- und Oberarmen sowie Kopf und Gesicht.
Wenn du auf diese Weise den ganzen Körper durchgegangen bist, nimm ihn nun als Ganzes wahr.
Wie fühlst du dich in deinem Körper? Spüre sein Gewicht, die Schwere und den Kontakt mit dem Boden. Wenn du Anspannungen spürst, versuche, sie beim Ausatmen loszulassen.
Richte schließlich deine Aufmerksamkeit wieder auf deine Atmung im Bauchraum. Atme ein paarmal tief durch, öffne die Augen und kehre zurück in deinen Alltag.

5. RAUHNACHT

Meine Erfahrungen bei der Meditation

Vielleicht stellst du bei einer solchen Meditationsübung fest, wie wenig du deinen Körper kennst. Vielleicht war es aber auch ein Wiedererkennen und -entdecken? Was ist dir leichtgefallen, was hat dich abgelenkt? Was ist in deinen Gedanken und Gefühlen vorgegangen?

_____

_____

_____

_____

Die Körpermitte entdecken

Bei dieser Besinnungsübung steht der Körper im Vordergrund. Doch dein Geist ist ja eng mit deinem Leib verbunden, und wenn du durch den Körper gehst, bewegt sich auch dein Geist. Konntest du deine Körpermitte gut spüren? Hast du dich dabei eher wohl oder unwohl gefühlt? Was empfindest du bei den folgenden Aussagen?

Gesundheit ist das Wichtigste von allem.

_____

_____

_____

_____

Die Seele ist im Körper gefangen.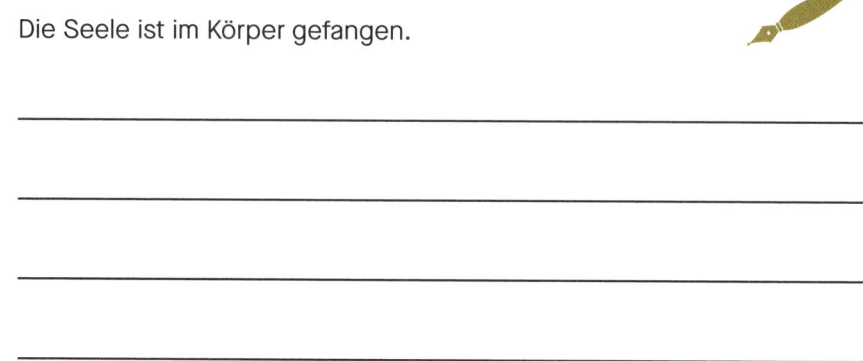

Traditionen und Bräuche

- In den Zwölften darf weder Holz noch Kochgeschirr vor dem Ofen liegen bleiben.
- In den Rauhnächten des alten Jahres (also vor Silvester) soll man keine Erbsen essen.
- Während der Rauhnächte darf kein Mist ausgetragen werden, damit das Vieh während des folgenden Jahres nicht krank wird.

Wie der Tag, so der Monat

Auch diese Rauhnacht ist mit einem Monat des folgenden Jahres verbunden. Heute ist es der Mai. Achte auf das, was dich an diesem Tag besonders bewegt und was dir begegnet.

Vor allem aber achte auf deine Träume, auf besondere Ereignisse und auf ungewöhnliche Menschen, die dir begegnen!

5. RAUHNACHT

Was hast du heute geträumt? Was/wer ist dir heute begegnet?

_____

_____

_____

_____

 Bauernregel für den 29. Dezember

»Dezember ohne Schnee tut erst im Märzen weh« …

Das Zwiebelorakel

Du weißt ja inzwischen, dass man in den Rauhnächten das Wetter des nächsten Jahres grob vorhersagen kann – dass die erste Rauhnacht dem ersten Monat entspricht, die zweite dem Februar und so weiter.
Eine andere, seit Jahrhunderten überlieferte Form der Wettervorhersage ist das Zwiebelorakel. Um herauszufinden, wie das Wetter im nächsten Jahr wird, soll man in einer Rauhnacht eine große Zwiebel der Länge nach halbieren. Aus jeder Hälfte nimmt man sechs Näpfe beziehungsweise Schälchen, also insgesamt zwölf. Diese legt man in einer langen Reihe auf ein Brett oder einen Tisch und bestreut jedes Näpfchen mit etwas Salz. Der Reihe nach steht das erste Zwiebelnäpfchen für den Januar, das zweite für den Februar und so fort.
Am nächsten Morgen prüft man, in welchen Zwiebelnäpfchen das Salz nass geworden ist. Je nachdem, ob es nass, feucht oder trocken ist, ist in den entsprechenden Monaten mit ebensolcher Witterung zu rechnen.

Was mir das Orakel gesagt hat

Schreib auf, was du beim Zwiebelorakel herausgefunden hast. Es ist spannend, dies im nächsten Jahr mit der Realität zu vergleichen.

1. _____
2. _____
3. _____
4. _____
5. _____
6. _____
7. _____
8. _____
9. _____
10. _____
11. _____
12. _____

Rezept: Rauhnacht-Glühwein

Was gibt es Schöneres zum Abschluss eines kalten Wintertages als einen Glühwein? Nun, du solltest es vielleicht nicht gerade zur Gewohnheit machen – oder den Wein ab und zu durch roten Beerensaft ersetzen. Das hat auch den Vorteil, dass auch Schwangere und Kinder diesen Glüh»wein« genießen können.
Das folgende Rezept habe ich von meiner Großmutter, die darauf schwor, dass dieser Wein nicht nur böse Geister, sondern auch schlechte Laune und Krankheiten abwehrt. Finde es selbst heraus!

1 Flasche Rotwein
½ l Johannisbeersaft
¼ l Met
120 g brauner Zucker
1 Orange
3 Nelken

2 Zimtstangen
1 Sternanis
1 Lorbeerblatt
3 Wacholderbeeren
10 g getrocknete Brombeeren

Gib Wein, Saft, Met und Zucker in einen großen Topf. Schneide die Orange in Scheiben und füge diese sowie die Gewürze und Beeren hinzu. Nun lässt du das Ganze einmal aufkochen. Dann nimmst du den Topf vom Herd und filterst den Rauhnacht-Glühwein ab. Du kannst ihn gleich trinken. Besser ist es aber, ihn zwei Tage ziehen zu lassen. Das verfeinert das Aroma.
Der Rauhnacht-Glühwein ist, wenn du ihn abfüllst, etwa einen Monat haltbar.

Meine wichtigsten Erfahrungen in der fünften Rauhnacht

Was an den Übungen ist mir schwergefallen?

_____

_____

_____

Was hat sich beim Üben an körperlichen Empfindungen verändert?

_____

_____

_____

Was hat sich beim Üben an seelischen Empfindungen verändert?

_____

_____

_____

Welche sonstigen Erfahrungen hatte ich mit den Übungen?

_____

_____

Was ich aus der Erfahrung der fünften Rauhnacht mitnehme

Manche der Dinge, die du gelernt hast, sind für dich vielleicht weniger relevant oder liegen dir nicht so – doch bestimmt gibt es ein paar, die dich wirklich weitergebracht haben. Hier ist die Stelle, wo du deine wichtigsten Erfahrungen und Einsichten noch einmal notieren kannst:

_____

_____

_____

_____

_____

6. Rauhnacht

Gefühle umarmen

★ 30. Dezember
★ St.-Felix-Tag

Die Gefühle umarmen

In den Rauhnächten, diesen besonderen Tagen, die uns zwischen den Jahren innehalten lassen, sind wir, oft mehr noch als sonst, einer Fülle von Gefühlen ausgesetzt. Du kennst sie gut – Freude, Trauer, Hoffnung, Angst: Sie alle gehören zu den menschlichen Grunderfahrungen. Sie zu umarmen, heißt nicht, sich in Poesie zu verlieren, auch wenn »Gefühle umarmen« vielleicht ein wenig so klingt – es bedeutet vielmehr, ihnen und sich selbst gegenüber ehrlich zu sein.

Gefühle zu umarmen, ist eine mutige Tat. Sie anzuerkennen, ihnen vorbehaltlos zu begegnen, ohne sie sofort zu bewerten oder zu verurteilen, ist der erste Schritt. Es ist wie das Durchqueren eines dunklen Waldes, in dem man lernt, dem Pfad unter den Füßen zu vertrauen.

Jedes deiner Gefühle hat seinen Grund und seine Berechtigung. Angst

kann ein Ratgeber sein, der dich zur Vorsicht mahnt. Trauer erinnert dich daran, was dir wichtig ist und was du vielleicht verloren hast. Freude zeigt dir, was dein Herz singen lässt. Und auch Wut hat ihre Berechtigung, denn sie kann ein Motor für Veränderung sein. Doch es ist gar nicht so wichtig, einen klaren Grund dafür zu finden – wichtig ist, zu akzeptieren, dass die Gefühle da sind, und sie anzunehmen. Nimm dir also Zeit, hinzuhören und hinzuspüren. Lass die Gefühle zu, so wie sie kommen. Sie sind Teil deiner menschlichen Erfahrung. Wenn du sie umarmst, gibst du dir selbst die Möglichkeit, ganz zu sein, mit allem, was zu dir gehört.

6. RAUHNACHT

Wenn du dich deinen Gefühlen stellst, werden sie dich nicht überwältigen. Sie zeigen dir Wege auf, wie du wachsen und heilen kannst. So wie die Natur sich nach dem Winter wieder zum Leben regt, so kannst auch du aus jedem Gefühl eine Kraft schöpfen, die dich weiterträgt. Fällt es dir leicht, deine Gefühle anzunehmen?

Welche Gefühle kannst du leicht annehmen? Welche nur schwer?
Freude kannst du wohl leicht akzeptieren. Aber wie steht es mit Angst – du willst nicht schwach erscheinen. Oder mit Wut – du möchtest doch lieber weise und gelassen sein. Schreib hier auf, zu welchen Gefühlen du sofort stehen kannst und welche du am liebsten einfach abschalten würdest, wenn das nur ginge …

_____

_____

_____

_____

_____

_____

_____

_____

Schreib einen kurzen Gedanken zum Thema »Meine Gefühle« auf
Jetzt hattest du ja schon ein paarmal die Gelegenheit, ein bisschen nachzuspüren, was »Gefühle« für dich bedeuten. Versuch doch einmal, in einem Satz klar zu formulieren, wie du deinen Gefühlen gegenüberstehst und was du eventuell daran ändern möchtest. Mach dich vertraut mit deinen Gefühlen.

_____

_____

_____

_____

Bauch und Kopf

Wenn du vor einer Entscheidung stehst, kennst du sicherlich das Ringen zwischen Kopf und Bauch. Der Kopf, gespeist von Vernunft und Logik, möchte analysieren und abwägen. Er ist wie der klare, helle Morgen eines Wintertages, der die Welt in scharfen Konturen zeichnet. Der Bauch hingegen spricht eine ältere, tiefere Sprache. Er ist wie die warme Stube in der Nacht, von der du nur das Knistern des Holzes und das Flackern des Feuers wahrnimmst.

Es ist wichtig, beide zu beachten und wertzuschätzen. Beide sind Teile deiner selbst, und beide wollen nur das Beste für dich. Aber beide sind auch fehlbar.

Dein Kopf hilft dir, die Welt zu verstehen und durchdachte Entscheidungen zu treffen. Doch dein Bauch kann dir Signale geben, die dein Kopf vielleicht übersieht – ein Zögern, eine Ahnung, ein Gefühl, das dich leitet.

6. RAUHNACHT

Versuche, in Momenten der Entscheidung innezuhalten. Hör auf das, was dein Kopf dir rät, aber überhöre nicht die leise Stimme deines Bauches. Oft ist es eine Kombination aus beidem, die dich zur besten Wahl führt.

Wie ein Bauer, der den Himmel nach Zeichen des Wetters absucht, sich aber auch auf sein Bauchgefühl verlässt, wann die Zeit zum Säen und Ernten gekommen ist, so kannst auch du lernen, Kopf und Bauch in Einklang zu bringen. Sie sind Partner, die dich auf deinem Weg unterstützen und zu klugen Entscheidungen führen, die dein wahres Wesen widerspiegeln.

Eine kleine Entscheidungshilfe: Wenn du dich nicht entscheiden kannst, quäle dich nicht. Das führt zu nichts. Wirf stattdessen eine Münze: Kopf oder Zahl? Halt! Bevor du nun sagst, das sei doch zu banal, und du willst wichtige Entscheidungen nicht dem Zufall überlassen: Das ist auch noch nicht das Ende! Gut, das »Los« sagt dir, was du tun sollst. Und nun achte auf dein Gefühl: Sagst du innerlich: »Ja, na gut, damit kann ich leben«, war es die richtige Wahl. Spürst du dagegen starken Widerstand, hör darauf!

Der Segensspruch für die sechste Rauhnacht

Ich nehme meine Gefühle wahr, nehme sie liebevoll an
und lasse sie gehen, wenn es Zeit ist.

Denk daran, dass die Segenssprüche, die ich dir vorschlage, wirklich nur Vorschläge sind – und optimalerweise immer nur das Zweitbeste. Am besten ist es, wenn *du* Worte findest, die für dich persönlich treffend sind. Aber auch dazu solltest du dich nicht zwingen, wenn dir gerade nichts einfällt. Lass dein persönliches Motto zu dir kommen und gib ihm Zeit dafür. Mein persönliches Motto für diesen Tag:

_____

_____

Ein Ritual für die sechste Rauhnacht: **Die Gefühle annehmen**

Zünde eine Kerze an und setze dich für einen Moment in Ruhe hin, schließ die Augen und atme tief ein und aus. Spüre den Atem in deinem Bauch und lass deinen Körper mit jedem Ausatmen mehr entspannen. Deine Hände ruhen auf den Oberschenkeln.

Richte deine Aufmerksamkeit nun behutsam auf deine Gefühlswelt. Was spürst du gerade? Benenne jedes Gefühl, das auftaucht, leise für dich – zum Beispiel »Da ist Freude« oder »Da ist Unruhe«. Jedes Mal, wenn du das tust, nimm die Hände von den Oberschenkeln, führe sie kurz vor der Brust zusammen und sag: »Ich heiße dich willkommen.« Wenn ein Gefühl klar hervortritt, verweile ein wenig bei ihm. Wo und wie zeigt es sich in deinem Körper? Beobachte, ohne zu urteilen.

6. RAUHNACHT

Wenn du bereit bist, komm langsam zum Atem zurück. Verbinde dich wieder mit deinem Körper. Nach einigen tiefen Atemzügen öffne deine Augen, lösch die Kerze und kehre mit neuem Bewusstsein in den Tag zurück.

Wie fühle ich mich?
Was geht in dir vor, wenn du dieses Ritual liest? Und wenn du es tatsächlich durchgeführt hast: Was sind deine Erfahrungen? Hör in dich hinein und schreib auf, was dir spontan in den Sinn kommt:

_____

_____

_____

_____

Die Welt der Träume

In den Rauhnächten erleben viele Menschen besonders intensive Träume. Manchmal sind auch Albträume darunter. In der germanischen Mythologie sind es die »Alben« (Elfen), die die Träume hervorrufen; im bayerischen Volksglauben gibt es die »Drud«, die in den Zwölften böse Träume beschert. Aber es gibt natürlich keineswegs nur Albträume. Auch lichte Wesen wie Elfen und Engel können in Rauhnachtträumen erscheinen. Doch ob nun Geister, Engel, fremde Menschen oder Tiere im Traum einen starken Eindruck hinterlassen – es ist immer am besten, den Kontakt mit ihnen zu suchen und herauszufinden, welche Botschaft der Traum enthält. Damit wir das jedoch während eines Traumes umsetzen können, sollten wir uns im Wachbewusstsein vornehmen, mit unseren Traumwesen zu kommunizieren, und zwar auch dann, wenn diese uns im ersten Mo-

ment beängstigen. Die Botschaften von Rauhnachtträumen sind von großer Bedeutung. Und dann ist da auch noch die prophetische Funktion: Jede einzelne Rauhnacht soll ja mit dem entsprechenden Monat des folgenden Jahres in Verbindung stehen, wie du weißt.

Die Menschen waren seit jeher fasziniert von Träumen. Träume verbinden uns mit den tieferen Ebenen unseres Seins. Sie können gute Freunde und sogar Lehrer sein. Sie haben eine heilsame Wirkung und helfen, die richtigen Entscheidungen zu treffen und Gefahren zu erkennen. Erst recht gilt das für die Träume in den Zwölften, weshalb es auch so wichtig ist, sie richtig zu deuten.

Wenn du herausfinden willst, was deine Träume dir sagen wollen, verlass dich nur auf dich selbst! Niemand weiß so genau wie du, was deine Probleme und Möglichkeiten sind, vor welchen Herausforderungen du stehst und was der richtige Weg für dich ist. Tief in deinem Inneren kennst du die Antwort längst.

Traumdeutung

Träume machen neugierig: Was bedeuten sie? Es geschehen ja verrückte Dinge darin oder Ereignisse, die Angst machen – oder die im Gegenteil ein tiefes Gefühl von Freude hinterlassen. Natürlich möchtest du wissen, was deine Träume bedeuten. Dennoch: Erzwinge keine Deutung. Wenn du dich nicht an deine Träume erinnern kannst oder der Inhalt sehr verwirrend ist, dann lass es. Es hat durchaus seinen Sinn, dass wir manche

6. RAUHNACHT

Träume nicht verstehen können, denn nicht immer sind wir bereit für neue Erkenntnisse. Was dir spontan zu deinen Träumen einfällt, sagt mehr aus als jedes Traumlexikon – deine Träume sprechen nicht in »Symbolen« zu dir, wie man eine Zeit lang glaubte. Träume sind viel direkter. Aber du musst genau hinsehen.

Bleib beim Naheliegenden: Was ist in deinem Traum passiert? Wie war die Situation? Leg weniger Wert auf einzelne Aspekte, sondern achte insbesondere auf die Gesamtsituation.

Die vielleicht wichtigste Frage lautet: Welche Gefühle hast du im Traum erlebt? Deine Gefühle sagen mehr aus als alle anderen Trauminhalte. Achte auf Stimmungen wie Freude, Heiterkeit, Begeisterung oder auch Eifersucht, Ängste, Traurigkeit und so weiter. Was sagen die Gefühle in deinem Traum über dein Leben oder möglicherweise auch über die Zukunft aus? Hat dein Traum dir etwas über deine Wünsche, Sehnsüchte und Bedürfnisse verraten?

Was hast du heute geträumt?

_____

_____

_____

_____

_____

_____

Sechste Rauhnachtmeditation:

Die folgende Meditation unterstützt dich dabei, eine große Kraft zu mobilisieren: die Kraft des Mitgefühls. Und natürlich darfst du dich dabei nicht selbst vergessen …

Finde einen ruhigen Ort, wo du ungestört sein kannst. Nimm eine bequeme Sitzhaltung ein mit einem geraden, aber entspannten Rücken. Schließe deine Augen und atme einige Male tief durch, um dich zu zentrieren.
Wenn du dich zentriert fühlst, richte deine Aufmerksamkeit auf dein Herz. Stell dir vor, wie mit jedem Atemzug Wärme und Licht aus deinem Herzen strömen. Mit jedem Einatmen nimmst du Mitgefühl auf, mit jedem Ausatmen sendest du es aus.
Denk nun an eine Person, der du gern Mitgefühl senden möchtest. Stelle dir diese Person vor und sende mit jedem Ausatmen Mitgefühl aus deinem Herzen zu ihr. Sprich dabei laut oder innerlich: »Mögest du glücklich sein, mögest du frei von Leid sein, mögest du in Frieden leben.« Stell dir vor, wie die Person, an die du denkst, dieses Mitgefühl empfängt und es ihr Wohlbefinden stärkt. Wiederhole das für jemanden, der dir sehr nahe steht, jemanden, den du nur oberflächlich kennst, und jemanden, mit dem du Schwierigkeiten hast.
Richte dann deine Aufmerksamkeit auf dich. Fühle Mitgefühl für dich selbst, für deine Herausforderungen und Schwierigkeiten. Sag zu dir selbst: »Möge ich glücklich sein, möge ich frei von Leid sein, möge ich in Frieden leben.« Fühle, wie du dein eigenes Mitgefühl annimmst und es dich nährt und stärkt.
Verweile ein paar Minuten in dieser Präsenz von Mitgefühl und Selbstmitgefühl. Wenn du bereit bist, den Raum des Mitgefühls zu

verlassen, vertiefe deinen Atem wieder, spüre deinen Körper und die Umgebung um dich herum. Öffne langsam deine Augen und nimm das Gefühl des Mitgefühls mit in die verbleibenden Stunden des Tages.

Meine Erfahrungen bei der Meditation

Vielleicht spürst du schon während dieser Besinnungsübung, welch enorme Kraft von Mitgefühl und Selbstmitgefühl ausgeht. Aber vielleicht hast du ja auch Schwierigkeiten damit? Was ging in deinen Gedanken und Gefühlen vor?

_____

_____

_____

_____

_____

Mitfühlen statt mitleiden

Oft verwechseln die Menschen Mitgefühl und Mitleid. Doch es gibt einen gewaltigen Unterschied zwischen den beiden. Wenn du Mitleid mit jemandem hast, identifizierst du dich mit ihm und spürst sein Leid so, als würdest du es erleben und leiden. Du verdoppelst also sozusagen das Leid. Wenn du dagegen Mitgefühl übst, versetzt du dich in jemanden hinein, *ohne* dich mit ihm zu identifizieren. Du leidest nicht, sondern das Mitgefühl gibt dir die Kraft, zu helfen und zu verändern.

Was meinst du dazu?

_____

_____

_____

_____

_____

Verstehst du nun den Unterschied zwischen Mitgefühl und Mitleid? Oder zwischen Selbstmitgefühl und Selbstverliebtheit? Was erlebst du bei den folgenden Aussagen?

Ich darf auch Fehler machen.

_____

_____

_____

_____

_____

6. RAUHNACHT

Jeder ist seines Glückes Schmied.

_____

_____

_____

_____

Rauhnachttraditionen, -bräuche und -regeln

- Manche »Regeln« sind in den Rauhnächten außer Kraft gesetzt. So gilt »Scherben bringen Glück« in den Rauhnächten nicht. Wenn Gegenstände herunterfallen und zerbrechen, kann das darauf hindeuten, dass eine Trennung bevorsteht.
- Wegkreuzungen sind magische Orte. Das gilt erst recht, wenn sie in Wäldern liegen. In den Rauhnächten können unverheiratete – und verzweifelte – Frauen sich an Mitternacht an eine solche Wegkreuzung begeben, um ihrem zukünftigen Bräutigam zu begegnen. Wobei ich einer Frau, die einem Mann begegnet, der mitten in der Nacht im Wald herumschleicht, eher zur Vorsicht raten würde. Aber vielleicht ist es ja tatsächlich ein junger Mann, der diesen Rauhnachtbrauch ebenfalls kennt und ebenso verzweifelt sucht.

Wie der Tag, so der Monat

Achte wieder auf deine Träume! Was du in der sechsten Rauhnacht träumst, gibt Hinweise auf das, was im Juni, dem sechsten Monat, geschehen wird.

Was hast du heute geträumt?

_____

_____

_____

_____

_____

_____

30 Bauernregel für den 30. Dezember

Eine Bauernregel speziell für den 30. Dezember konnte ich nicht eruieren. Allerdings kann man rückblickend schon folgende für den gesamten Dezember berücksichtigen: »Auf kalten Dezember mit tüchtigem Schnee folgt ein fruchtbares Jahr mit reichlich Klee.«

Rezept: Allgäuer Rauhnachtnudeln

Dieses Rezept habe ich ausnahmsweise einmal nicht von meiner Großmutter, sondern von Rita Huber, einer guten Bekannten, die unglaublich leckere Dinge kocht, backt und brät. Dies ist mein liebstes Rauhnachtnudelrezept.

400 g Mehl
1 Päckchen Trockenhefe
10 g Zucker
100 g Butter
2 Eier
200 ml Vollmilch
50 g Rosinen

1 Päckchen Vanillezucker
1 Prise Salz
5 Tropfen Bittermandelöl
50 g Butterschmalz
200 ml heiße Milch mit
2 EL Honig

Gib das Mehl in eine Schüssel und vermische es mit der Hefe. Füge nun Zucker, Butter, Eier, Milch, Rosinen, Vanillezucker, Salz und Bittermandelöl hinzu. Verrühre alles zu einem geschmeidigen Teig. Diesen Teig deckst du zu und lässt ihn an einem warmen Ort gehen, bis er etwa die doppelte Höhe erreicht hat. Knete den Teig gut durch und teile ihn in 12 Stücke. Pinsele eine Auflaufform mit Butterschmalz aus und gib die dampfnudelähnlichen Teigstücke in die Form. Backe sie 30 Minuten lang im vorgeheizten Backofen bei 200 Grad. Wenn die Nudeln fertig gebacken sind, kannst du die heiße Honigmilch darübergießen und das Ganze servieren.

Meine wichtigsten Erfahrungen in der sechsten Rauhnacht

Was an den Übungen ist mir schwergefallen?

_____

_____

_____

Was hat sich beim Üben an körperlichen Empfindungen verändert?

_____

_____

_____

Was hat sich beim Üben an seelischen Empfindungen verändert?

_____

_____

_____

6. RAUHNACHT

Welche sonstigen Erfahrungen hatte ich mit den Übungen?

_____

_____

_____

Was ich aus der Erfahrung der sechsten Rauhnacht mitnehme

Manche der Dinge, die du gelernt hast, sind für dich vielleicht weniger relevant oder liegen dir nicht so – doch bestimmt gibt es ein paar, die dich wirklich weitergebracht haben. Hier ist die Stelle, wo du deine wichtigsten Erfahrungen und Einsichten noch einmal notieren kannst:

_____

_____

_____

_____

_____

_____

7. Rauhnacht

Werte würdigen

★ 31. Dezember
★ Silvester
★ Altjahrstag

Wünsche, Ziele, Werte

Weihnachten ist zwar vorbei, doch was immer du auch geschenkt bekommen hast: Sicher hast du noch ein paar Wünsche übrig. Das können große und kleine, wertvolle und banale Wünsche sein. Vielleicht wünscht man sich Weisheit oder auch nur ein bisschen mehr Klugheit bei Entscheidungen, vielleicht wünscht man sich Liebe oder eine neues Auto. Aber Wünsche sind eben nur das: die Erklärung, dass man gern etwas hätte, was man nicht hat.

Was ist mit Zielen? Ist das nicht ziemlich das Gleiche wie Wünsche? Nun, es kommt darauf an, wie du dein Ziel definierst. Siehst du nur den Moment, in dem du das Ziel erreicht hast? Wie du dorthin kommst, spielt keine Rolle? Ja, dann ist es wie ein Wunsch, nur dass du glaubst, mehr Einfluss zu haben. Aber man kann ein Ziel auch völlig anders betrachten: als eine Abenteuerreise, bei der der Weg nicht unwichtig oder lästig ist, sondern ein Teil des Zieles. Ein solches Ziel ist nachhaltig motivierend und sinnstiftend. Ich möchte diese Ziele »Herzensziele« nennen.

Herzensziele haben ein paar ganz wichtige Eigenschaften. Die vielleicht wichtigste ist: Sie stimmen mit deinen Werten überein. Du verwirklichst dich in ihnen. Werte können beispielsweise Mut, Sicherheit, Liebe, Gerechtigkeit, Freundschaft, Ehrlichkeit und viele andere sein. Jeder Mensch hat Werte, die seinem Handeln zugrunde liegen. Aber erst wenn er seine Werte verwirklicht, wird er ein erfülltes, gelungenes, glückliches Leben haben.

7. RAUHNACHT

Falls du dir nicht sicher bist, ob etwas dein Wert ist, kannst du das einfach testen. Stell dir eine Situation vor, in der dieser Wert verletzt wurde, und eine, in der er besonders gut zum Ausdruck kam. Ein Wert löst in beiden Fällen starke Reaktionen aus: wenn er verletzt wird, starke negative, wenn er erfüllt wird, starke positive.

Was sind deine drei wichtigsten Werte?
Für den Fall, dass du dir noch nicht so ganz sicher bist, was »Werte« sind, siehst du einige Beispiele in der Tabelle. Was sind deine wichtigsten Werte?

Beispiele für Werte

Abenteuer	Frieden	Ordnung
Aktivität	Gemeinschaft	Religion
Ansehen	Gerechtigkeit	Ruhm
Begeisterung	Glück	Schönheit
Bewegung	Harmonie	Selbstständigkeit
Dienen	Herausforderung	Sicherheit
Ehrlichkeit	Humor	Spaß
Einfachheit	Individualität	Spiritualität
Einzigartigkeit	Kreativität	Toleranz
Erfüllung	Lehren	Veränderung
Erkenntnis	Leistung	Verantwortung
Fähigkeit	Lernen	Wahrheit
Freiheit	Liebe	Weisheit
Freude	Macht	Weltverbesserung
Freundschaft	Mut	Würde

Schreib deine drei wichtigsten Werte auf:

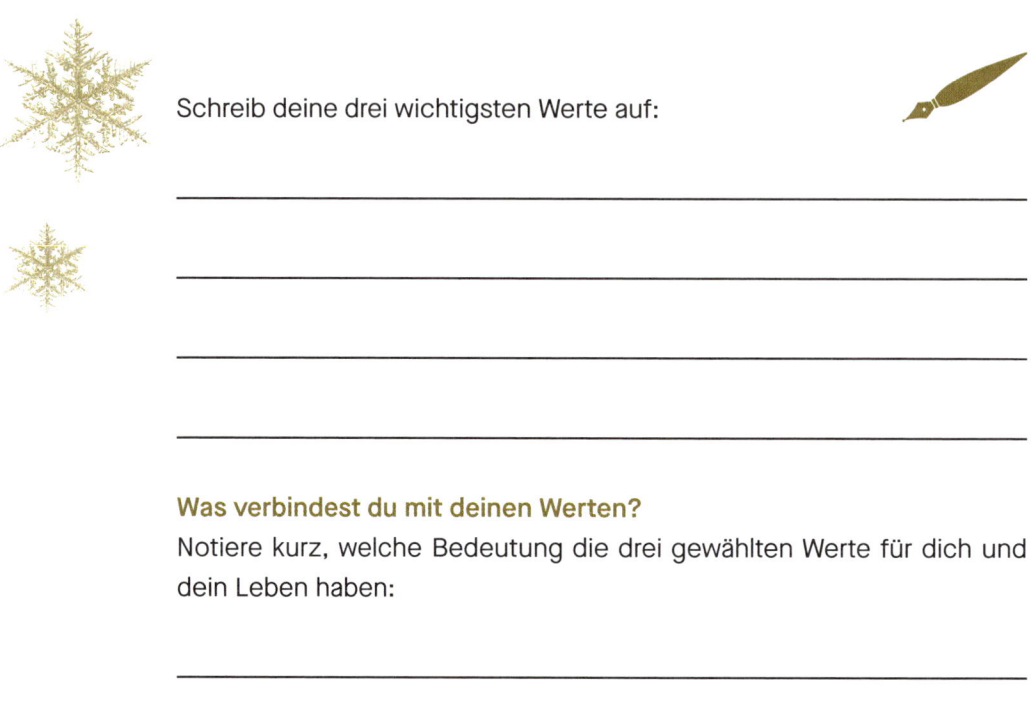

_____

_____

_____

Was verbindest du mit deinen Werten?
Notiere kurz, welche Bedeutung die drei gewählten Werte für dich und dein Leben haben:

_____

_____

_____

_____

Wie du dir magnetische Ziele setzt
Ja, tatsächlich *magnetische,* nicht magische. Es ist nämlich kein Hexenwerk, sich ein Ziel zu setzen, das in Einklang mit den eigenen Werten steht und von dem man wie von einem Magneten angezogen wird. Gerade jetzt, in der Rauhnachtzeit, ist es besonders wertvoll, sich Ziele, Herzensziele zu setzen.
Aber vielleicht willst du dir erst einmal einen Überblick über die aktuelle Situation verschaffen. Mach eine Tabelle: Die Zeilen sind deine drei wichtigsten Tätigkeiten, die Spalten deine drei wichtigsten Werte.

Die drei wichtigsten Tätigkeiten und Werte (Beispiel)

Tätigkeiten/Werte	Spaß	Ansehen	Liebe
Beruf	☐	☐	☐
Familie	☐	☐	☐
Sport	☐	☐	☐

Nun schreib in die freien Zellen, ob dein Tun gerade deinen Werten entspricht. Du kannst einfach mit »Ja« und »Nein« antworten oder aber eine Schulnote vergeben. Dann siehst du schon, ob das, was du tust, deinem Lebensglück dient.

Überleg nun einmal, welches Herzensziel es sein könnte, das alle deine Werte voll und ganz erfüllt. Inspiration wäre natürlich gut – aber du kannst auch Schritt für Schritt vorgehen:

- Mach dir ganz genau klar, was das Ziel ist. Ohne Vergleiche oder Verneinung. Es muss durch dein eigenes Tun erreichbar sein. Und zum Ziel gehört auch das Wissen, wann du es erreicht haben wirst.
- Prüfe, ob das Ziel mit deinen Werten im Einklang steht. Ziele, die nicht mit deinen Werten übereinstimmen, können keine Herzensziele sein.
- Verspricht der Weg zum Ziel Freude? Wenn ja: Du hast ein Herzensziel gefunden.
- Was wird sich in deinem Leben verändert haben, wenn du dein Ziel erreicht hast? Wird sich eigentlich nichts verändern, ist es kein lohnendes Ziel.
- Was fehlt dir noch, um dich auf den Weg zu machen?

Der Segensspruch für die siebte Rauhnacht

Ich lebe meine Werte in allem,
was ich tue.

Erkenne deine Werte und lebe nach deinen wahren Überzeugungen. Überlege, wie du deine Werte im Alltag umsetzen und ausdrücken möchtest, und finde dein persönliches Motto, das dich unterstützt.
Mein persönliches Motto für diesen Tag:

_____

_____

Ein Ritual für die siebte Rauhnacht: **Böse Geister vertreiben**

Zu Beginn dieses Rituals zündest du Kerzen an – traditionelle Symbole der Erneuerung und des Lebens. Dann bist du bereit, die »bösen Geister« zu »verbannen«. Wenn du nicht an Geister glaubst, macht das überhaupt nichts. »Böse Geister« sind auch die dunklen Teile deiner Seele.
Um das Ritual durchzuführen, stellst du dich in die Mitte des Raumes, atmest ein paarmal tief durch und sprichst dann

7. RAUHNACHT

einen Bannspruch. Entweder den traditionellen mittelhochdeutschen Spruch: »Gaiste der zîten ê, ich lâze iuch fri. Gebet stat dem niuwen unde dem guoten.« Oder die moderne Form, also etwa: »Geister der Vergangenheit, ich entlasse euch. Macht Platz für Neues und Gutes.« Wiederhole diesen Spruch dreimal laut.

Danach geht man traditionellerweise durch den Raum und macht dabei wedelnde Handbewegungen – oft auch mit Räucherstäbchen oder einem kleinen Besen in der Hand.

Zum Abschluss des Rituals stellst du dich wieder in die Mitte des Raumes und legst einen Moment der Stille und Dankbarkeit ein. Das Öffnen der Fenster zum Schluss symbolisiert das Einlassen frischer Luft und neuer Energien. Es markiert den Abschluss des Rituals und den Beginn eines neuen Kapitels.

Wie fühle ich mich?
Höre in dich hinein und schreib auf, was dir spontan in den Sinn kommt:

_____

_____

_____

_____

_____

_____

_____

Siebte Rauhnachtmeditation:
Wurzelmeditation

In der bayerischen Rauhnachttradition gibt es Bräuche, die darauf abzielen, sich mit der Natur und ihren elementaren Kräften zu verbinden. Eine solche Übung ist die Wurzelmeditation. Sie hilft dir, eine tiefe Verbindung zur Natur und zu deinen eigenen Wurzeln zu spüren.

Wähle einen ruhigen Ort, der mit guten Gefühlen verbunden ist. Dies kann drinnen in deinem Zuhause sein, aber besser noch draußen in der Natur. Der ideale Ort ist zwischen zwei alten Bäumen.
Stell dich mit etwa schulterbreit auseinanderstehenden Füßen bequem hin. Schließe die Augen. Nimm dir einen Moment Zeit, um dich zu entspannen und deinen Atem zu beobachten. Atme tief ein und aus.
Stell dir nun vor, wie aus deinen Füßen Wurzeln wachsen, die tief in die Erde hineinreichen. Fühle, wie sie sich durch die Schichten der Erde, durch Steine und Erdschichten, immer tiefer nach unten ausbreiten. Spüre, wie stabil und stark diese Wurzeln sind und wie sie dich fest mit dem Boden verankern.
Während deine Wurzeln tiefer in die Erde wachsen, spüre, wie du die Kraft der Erde aufnimmst. Spüre, wie diese Energie durch deine Wurzeln zu dir aufsteigt und dich mit Ruhe, Stabilität und neuer Kraft erfüllt.
Verweile in diesem Zustand so lange, wie es sich gut für dich anfühlt. Wenn du bereit bist, die Meditation zu beenden, zieh deine Wurzeln wieder langsam in deinen Körper zurück und werde dir deiner Umgebung bewusst. Öffne deine Augen, wenn du dich vollständig »zurückgekehrt« fühlst.

7. RAUHNACHT

Meine Erfahrungen bei der Meditation

Vielleicht merkst du bei dieser Besinnungsübung, wie wichtig deine Wurzeln sind und welche Kraft ihnen entspringt. Womöglich hast du aber auch etwas ganz anderes erlebt – und auch das ist natürlich völlig in Ordnung und wert, aufgeschrieben zu werden. Was fiel dir leicht, was hat dich abgelenkt? Was ging in deinen Gedanken und Gefühlen vor?

_____

_____

_____

_____

Atmen, loslassen und zur Ruhe finden

Das Ziel der Besinnungsübung ist, das Bewusstsein für deine Wurzeln und dein innerstes Wesen zu wecken. Es ist aber gar nicht immer so leicht, in sein Innerstes zu blicken. Da können Fragen helfen, die du dir selbst stellst. Was erlebst du bei den folgenden Aussagen?

Ich bin durch starke Wurzeln mit meiner Vergangenheit und mit meiner Familie verbunden.

_____

_____

_____

_____

Ich habe starke Wurzeln, die dafür sorgen, dass ich Stürme gut überstehe.

_____

_____

_____

_____

Traditionen und Bräuche

- Am Silvestertag sollte man nicht mit dem linken Fuß zuerst aufstehen – wenn man es doch tut, muss man sich vor Unglück in Acht nehmen.
- An Silvester sollte man keine Äpfel essen – da ein Apfel eine undankbare Rolle bei der Vertreibung aus dem Paradies spielte.
- An Silvester sollte man mit vielen Menschen zusammen sein, denn dann wagen sich die bösen Geister nicht vor.
- Eine Stunde vor dem Ende des Altjahres wurden früher alle Türen im Haus geschlossen – um das alte Jahr auszusperren. Aber natürlich muss ein Fensterchen offen bleiben, damit das neue Jahr hereinschlüpfen kann …
- Ein beliebter Brauch zu Silvester ist auch das Orakeln (siehe dazu den folgenden Abschnitt »Bleigießen«).

7. RAUHNACHT

Die Feste zum Verabschieden des alten und Begrüßen des neuen Jahres sind älter als unser Silvestertag selbst. Auch in der Antike wünschten sich die Menschen bereits Glück für das kommende Jahr und tauschten Geschenke aus. Und natürlich wurde der Jahreswechsel mindestens genauso ausschweifend und alkoholreich gefeiert wie heute. Die Feierlichkeiten zum Jahreswechsel schlossen damals direkt an die Saturnalien an – das größte römische Bauernfest, das vom 17. bis 23., später bis zum 30. Dezember, also von kurz vor der Sonnwende bis zum Jahreswechsel, exzessiv zelebriert wurde. Auch die Kelten feierten zu dieser Zeit den Wechsel in ein neues Jahr, an dem Tag, den wir heute »Allerheiligen« nennen oder, wenn wir schon etwas mehr amerikanisiert sind, »Halloween«, die Nacht vor dem Hochfest Allerheiligen (was seine Wurzeln im seinerzeit katholischen Irland hat). Ursprünglich aber hieß das irisch-keltische Fest »Samhain«.

Die Christen waren sich ziemlich lange nicht einig, wann das neue Jahr beginnen sollte. Bis zur Kalenderreform im Jahr 1582 gab es verschiedene Daten für den Jahresanfang: 1. Januar (»Beschneidung des Herrn«), 6. Januar (»Erscheinung des Herrn«), Weihnachten (»Geburt des Herrn«), Ostern (»Tod und Auferstehung des Herrn«). Doch die Bräuche, die mit Silvester verbunden sind, haben weniger mit dem Christentum als vielmehr mit den alten Religionen zu tun. So gehen das Feuerwerk und anderer »unchristlicher Lärm« in der Silvesternacht auf eine heidnische Tradition der Germanen zurück. Am

Jahresende machten diese ein Silvesterfeuer und veranstalteten Feuerzeremonien, um Dämonen und böse Geister zu vertreiben. Amüsanterweise übernahm die Kirche dann die heidnischen Bräuche und lässt die Kirchenglocken in der Nacht läuten.

Silvester hat übrigens keine astronomische Bedeutung. Der Jahreswechsel, der so bedeutend zu sein scheint, ist in vielerlei Hinsicht beliebig. Dass der Jahreswechsel aber in der Zeit der Rauhnächte angesiedelt wird, ist dennoch natürlich, denn in dieser Zeit findet zwar am Himmel nichts Außergewöhnliches statt – dafür aber in der belebten Natur. Der Neuanfang kommt.

7. RAUHNACHT

Bleigießen

Selbst Menschen, die noch nie etwas von Rauhnächten gehört haben und sich nicht sonderlich fürs Brauchtum interessieren, mögen das Bleigießen. Diese heute so beliebte gesellschaftliche Aktivität wurde schon im alten Rom gepflegt. Bleigießen ist eine der ältesten Formen der Wahrsagung.

Die Anwendung ist einfach: In einem langstieligen Löffel werden über einer Kerzenflamme kleine Bleistücke zum Schmelzen gebracht. Eigentlich ist es heute kein Blei mehr, sondern meist das ungiftige Zinn. Oder man nimmt Wachs – das ist am ungefährlichsten.

Jedenfalls wird das »Blei«, sobald es flüssig ist, sofort in eine Schüssel mit kaltem Wasser gegeben, wo es schlagartig erstarrt. Dabei entstehen oft sehr ungewöhnlich aussehende Formen, die Raum für Intuition und Vorstellungskraft lassen. Und dann kommt das eigentlich Interessante: die Interpretation.

Das Orakel verstehen

Ein Orakel zu interpretieren, heißt, in sein eigenes Unterbewusstsein einzutauchen. Es ist ganz ähnlich wie bei der Interpretation von Träumen. Hier ganz kurz:

- Stell dem Orakel keine banalen Fragen, nur solche, die dir etwas bedeuten.
- Bleib offen und versteif dich nicht auf eine vorgefasste oder gewünschte Antwort. Such die Antwort in deinem Inneren und im Gespräch mit deinen Freunden.
- Vertraue deiner Intuition.
- Nimm die Antworten des Orakels zumindest ansatzweise ernst.

Was hat das Orakel gesagt?

_____

_____

Wie der Tag, so der Monat

Achte wieder auf deine Träume! Was du in der siebten Rauhnacht träumst, gibt Hinweise auf das, was im Juli, dem siebten Monat, geschehen wird.

Was hast du heute geträumt?

_____

_____

_____

31 · Bauernregeln für den 31. Dezember

»Silvesternacht klar – ein gut's neu's Jahr.«

»Silvesternacht wenig Wind und Morgensonn,
gibt viel Hoffnung auf Wein und Korn.«

»Wind in Silvesters Nacht hat nie Korn und Wein gebracht.«

Rezept: Rauhnacht-Kräuterplätzchen

Ich habe es schon öfter erlebt, dass Menschen große Augen machen und mich ungläubig ansehen, wenn ich von Kräuterplätzchen spreche. Vielleicht wunderst auch du dich, wie denn Kräuter zu Plätzchen passen. Probier's aus! Sie sind wirklich sehr schmackhaft und gesund.

1 Tasse Hafermehl
½ Tasse Mandelmehl
¼ Tasse geschmolzene Butter
¼ Tasse Ahornsirup
Mark einer Vanilleschote
1 TL Thymian

1 TL Lavendel
1 Prise Salz
Eventuell Lavendelblüten
Thymian für die Dekoration
Butter zum Einfetten des Backblechs

Heize den Backofen auf 165 Grad vor. Während der Ofen heiß wird, vermische Hafer- und Mandelmehl in einer Schüssel. In einer zweiten Schüssel vermischst du die Butter, den Ahornsirup und das Mark der Vanilleschote. Die halbflüssige Masse gibst du nun in die erste Schüssel und vermengst alles gründlich. Dann kommen noch ein wenig Thymian und Lavendel mit 1 Prise Salz hinzu. Und wieder mischst du alles. Dann knetest du das Ganze zu einem Teig. Den rollst du aus und formst Plätzchen (oder stichst sie aus).

Verziere sie gegebenenfalls noch mit Lavendelblüten und Thymian und leg die Plätzchen auf das gefettete Backblech. Lass sie etwa 10 bis 12 Minuten backen, bis sie leicht goldbraun sind.

Und dann stell fest, dass Kräuterplätzchen anderen Plätzchen im Geschmack in nichts nachstehen.

Meine wichtigsten Erfahrungen in der siebten Rauhnacht

Was an den Übungen ist mir schwergefallen?

_____

_____

_____

Was hat sich beim Üben an körperlichen Empfindungen verändert?

_____

_____

_____

Was hat sich beim Üben an seelischen Empfindungen verändert?

_____

_____

_____

7. RAUHNACHT

Welche sonstigen Erfahrungen hatte ich mit den Übungen?

_____

_____

_____

Was ich aus der Erfahrung der siebten Rauhnacht mitnehme

Manche der Dinge, die du gelernt hast, sind für dich vielleicht weniger relevant oder liegen dir nicht so – doch bestimmt gibt es ein paar, die dich wirklich weitergebracht haben. Hier ist die Stelle, wo du deine wichtigsten Erfahrungen und Einsichten noch einmal notieren kannst:

_____

_____

_____

_____

_____

_____

_____

8. Rauhnacht
Du selbst sein

★ 1. Januar
★ Neujahr
★ Fest der Beschneidung des Herrn

Wer bist du?

Was antwortest du, wenn dich das jemand fragt? Vielleicht nennst du dann deinen Namen. Aber der andere ist beharrlich: »Nein, nicht, wie du heißt. Wer bist du?« – »Ich bin Großhandelskauffrau.« – »Nein, nicht, was du arbeitest. Wer bist du?«

Mittlerweile bist du von dieser aufdringlichen Person vielleicht etwas genervt. Möglicherweise hat sie dich aber auch dazu angeregt, einmal darüber nachzusinnen, wer du bist. Du bist nicht dein Name, du bist nicht dein Beruf. Wie sieht es mit deinem Körper aus? Mit deinen Gedanken, Gefühlen, Erinnerungen, Hoffnungen, Herzenszielen?

Ich glaube, dass du viel mehr bist, als du weißt. Und ich vermute, dass du die Frage »Wer bist du?« immer noch nicht überzeugt und überzeugend beantworten kannst. Das ist ganz natürlich und vollkommen in Ordnung. In der Rauhnachtzeit hast du die Gelegenheit, dich von äußeren Rollen zu lösen und deinem wahren Selbst näherzukommen. Du bist ein Individuum, geformt durch deine einzigartigen Erfahrungen, Beziehungen und Träume. Du bist das Lachen in glücklichen Zeiten, die Tränen in Momenten des Schmerzes, die Ruhe in der Stille. Du bist die Summe deiner Entscheidungen, die Liebe, die du gibst und empfängst, und die Hoffnungen, die dich in die Zukunft tragen.

Wenn dir die Antwort auf die Frage »Wer bist du?« immer noch schwerfällt, mach dir klar: Es gibt ohnehin keine endgültige Antwort, denn du veränderst dich ständig. Jeder neue Tag bringt Erfahrungen, die dich ein Stück weiter formen. Vielleicht ist die Suche nach der Antwort selbst der Schlüssel zur Selbsterkenntnis – ein lebenslanger Prozess, der uns immer wieder dazu herausfordert, tiefer zu graben und uns selbst aus neuen Perspektiven zu betrachten.

Was sind deine wichtigsten Charakterzüge?

Nicht immer ist man der beste Kenner seines eigenen Charakters. Andererseits gibt es aber auch kaum jemanden, der, wenn er nur offen ist, deinen Charakter so gut kennt wie du selbst. Schreib auf, was dir spontan zu deinem Charakter einfällt. Du kannst es – auf dem Papier – ja auch wieder streichen oder ausradieren.

_____

_____

_____

_____

_____

Beschreibe dich in einem Satz selbst

Du kennst dich gut. Auch wenn du es nicht weißt. Oder nicht wissen willst. Es ist aber wirklich wertvoll, sich selbst zu kennen. Du hast dir ja spätestens bei der obigen Frage ein paar Gedanken zu dir selbst gemacht. Versuche einmal, diese Gedanken und Gefühle klar zu formulieren und in einen Satz zu fassen, wer du bist. Natürlich bist du vielschichtiger, als man es in einem Satz ausdrücken kann. Aber du kannst es ja mal versuchen:

_____

_____

_____

_____

_____

_____

Wann beginnt ein neues Jahr?

Heute, am 1. Januar, das ist doch wohl klar, oder? Reine Gewohnheitssache. Ob wir nun einen Sonnen-, Mond- oder einen ganz anderen Kalender haben: Wo im Jahreskreis der Neujahrspunkt gesetzt wird, ist ziemlich beliebig – klar bei einem Kreis, der ja keinen Anfang und kein Ende hat. Schau mal, wann das neue Jahr anderswo oder zu anderen Zeiten auch hierzulande begann:

- 1. Januar, das Fest der Beschneidung des Herrn.
- 1. Januar bis 31. Dezember: Das muslimische Neujahr kann auf jeden Tag fallen, da der Kalender ein reiner Mondkalender ist.
- 6. Januar, das »Hochneujahr« der Erscheinung des Herrn.
- 21. Januar bis 21. Februar: chinesisches Neujahrsfest, zweiter Neumond nach der Sonnwende.
- 1. März: im römischen Kalender bis 153 v. Chr. Im altrussischen Kalender 988 bis zwischen 1475 und 1500. Venedig bis 1797. Osmanisches Reich und Türkei von 1840 bis 1926.
- 21. März (Frühlingsanfang): Der Feiertag wird beispielsweise im Iran, in Indien, im Kaukasus und in Pakistan gefeiert.
- 22. März bis 25. April: Ostern ist gleichzeitig Neujahr im Kirchenjahr.
- 25. März: Fest Mariä Verkündigung, eingeführt 525. In Deutschland galt das bis ins 13. Jahrhundert, in Schottland bis 1600, in England bis 1752.

- 1. Mai: das keltische Neujahr in Rechtstexten.
- Anfang Juni ist im Südpazifik Neujahr (Matariki), und zwar dann, wenn Rigel oder die benachbarten Plejaden aufgehen.
- 6. September bis 5. Oktober: Rosch-ha-Schana, das jüdische Neujahrsfest.
- 22. September: Frankreich zwischen 1793 und 1805.
- 31. Oktober: keltisches Neujahrsfest.
- 27. November bis 3. Dezember: 1. Advent, Beginn des Kirchenjahres (Westkirche).
- 1. November: Samhain, das keltische Neujahr im Neuheidentum.
- 25. Dezember: In England, Deutschland und der Schweiz war das Weihnachtsfest bis ins 16. Jahrhundert der Beginn des neuen Jahres.

Der Segensspruch für die achte Rauhnacht

Ich bin schon in Ordnung,
so wie ich bin.

Entdecke und schätze deine Einzigartigkeit. Denk darüber nach, was es bedeutet, wirklich du selbst zu sein, und schreib dein persönliches Motto auf, das dem guten Gefühl, du selbst sein zu dürfen, Kraft verleiht.
Mein persönliches Motto für diesen Tag:

_____

_____

Ein Ritual für die achte Rauhnacht:
Narrentanz

Sei mutig und lass dich auf das Ritual des »Narrentanzes« ein! Es ist ein Tanz, der dich dazu einlädt, alle Hemmungen fallen zu lassen und deiner inneren Musik zu folgen. Ideal wäre es, wenn du einen Platz im Freien um ein Feuer fändest. Die lodernden Flammen bieten nicht nur Wärme, sondern symbolisieren auch die Energie und das wilde, freie Herz dieses Tanzes.

Stimme dich auf das Ritual ein, indem du die Augen schließt und tief ein- und ausatmest, um dich zu zentrieren und zu erden. Lass dann Musik in dir aufsteigen, sei es eine Melodie, die dir in den Sinn kommt, oder den Rhythmus deines eigenen Herzschlags.

Wenn du bereit bist, öffne deine Augen und beginn zu tanzen. Bewege dich frei und intuitiv, als ob du die Sprache deiner Seele durch deinen Körper ausdrückst. Sei ruhig wild und ungehemmt. Erlaube deinem Körper, sich in der Weise zu bewegen, die sich gerade richtig anfühlt.

Wenn du merkst, dass dein Tanz sich einem natürlichen Ende zuneigt, verlangsame deine Bewegungen und komm wieder zur Ruhe. Steh oder sitze eine Weile still – vielleicht genießt du die Wärme des Feuers auf deiner Haut und spürst der Erfahrung mit diesem Ritual nach.

8. RAUHNACHT

Wie fühle ich mich?
Was geht in dir vor, wenn du dieses Ritual liest? Und wenn du es tatsächlich durchgeführt hast: Was sind deine Erfahrungen? Hör in dich hinein und schreib auf, was dir spontan in den Sinn kommt:

_____

_____

_____

_____

Zu sich selbst stehen

Zu sich selbst zu stehen, sollte leicht sein – denn wer steht dir näher als du selbst? Ob du willst oder nicht, bist du dir ja so nahe, wie es nur geht. Und dennoch ist zu sich selbst zu stehen oft eine lebenslange Reise, die Mut, Integrität und eine tiefe Selbstwahrnehmung erfordert.

Deine Werte sind der Kompass, der dir den Weg weist; deine Vorsätze und Ziele sind die Meilensteine, die dir zeigen, dass du auf dem richtigen Pfad bist. Wichtige Entscheidungen sind die Kreuzungen, an denen du innehältst und die Richtung wählst, die dich deinem wahren Selbst näher bringt.

Wie du weißt, bieten die Rauhnächte eine besonders gute Gelegenheit für Reflexion und Introspektion: In dieser Zeit kannst du dich leichter von alten Mustern lösen und dich neu orientieren. Es ist eine Zeit, in der das Alte endet und das Neue noch nicht begonnen hat, ein Zwischenraum, der voller Potenzial für persönliches Wachstum ist.

Um zu sich selbst zu stehen, muss man sich aber selbst zunächst gründlich kennen. Das bedeutet, die eigenen Stärken und Schwächen, Hoffnungen und Ängste, Wünsche und Abneigungen zu erforschen.

Das Festhalten an unseren Vorsätzen und Zielen ist oft eine Herausforderung, da es erfordert, dass wir konsequent handeln, auch wenn es mitunter unbequem ist oder uns von anderen unterscheidet. Aber die Authentizität, die aus solcher Konsistenz entsteht, ist es wert. Sie gibt uns das Gefühl, im Einklang mit uns selbst zu sein, und das ist die Grundlage für wahres Glück und Erfüllung. Und dieses Gefühl der Erfüllung strahlt nach außen und wirkt wieder auf andere.

Was willst du wirklich vom Leben? Welche Veränderungen möchtest du sehen? Wie kannst du dir deine Ziele so setzen, dass sie deine tiefsten Werte widerspiegeln?

Achte Rauhnachtmeditation:
Das Feuerorakel

Nimm dir für diese Besinnungsübung ein wenig Zeit; du musst eventuell ein bisschen was vorbereiten. Denn die Meditation findet vor einem Feuer sitzend statt. Wenn du einen offenen Kamin hast, ist es natürlich großartig. Du musst nur einheizen. Ansonsten kannst du aber auch statt des Kamins ein paar Kerzen nehmen und aufstellen.

Ein ganz besonderes Erlebnis ist es aber, wenn es dir möglich ist, draußen ein kleines Feuer zu machen (natürlich unter Beachtung der Brandschutzmaßnahmen).

Wenn du nun das Feuer hast, wird es entspannter. Du setzt dich davor, schließt die Augen und stellst eine Frage zu einem Aspekt deines Lebens, bei dem du Orientierung suchst. Atme ruhig ein und aus, leere deinen Geist. Verweile kurz in dieser Ruhe und lass die Frage dein Bewusstsein füllen.

8. RAUHNACHT

Wenn du bereit bist, öffne die Augen und lass deinen Blick sanft über die Flammen oder die Kerzen schweifen. Starre nicht direkt ins Feuer, sondern erlaube deinem Blick, locker über das Spiel des Lichts zu gleiten. Wenn du blinzeln musst, dann tu das.

Beobachte, was sich dir in den Flammen offenbart. Entdeckst du Formen, Muster oder sogar Bilder? Erlaube diesen Visionen, zu dir zu sprechen. Vielleicht werden durch das Feuer innere Qualitäten wie Kraft oder Klarheit in dir geweckt, oder es kommen Gefühle hoch, die dir etwas mitteilen möchten.

Nimm all das wahr, was in diesem Moment in den Vordergrund tritt, ohne aktiv nach Bedeutung zu suchen. Oft bringt das, was einfach ins Bewusstsein fließt, die tiefste Einsicht.

Wenn du spürst, dass es Zeit ist, das Orakel zu beenden, dann bring es zum Abschluss. Bedenke, dass solche Praktiken mit der Zeit an Tiefe gewinnen können. Zögere also nicht, dieses Ritual zu wiederholen, wann immer du nach innerer Führung suchst.

Meine Erfahrungen bei der Meditation

Solch eine Orakelmeditation liefert mitunter erstaunliche Antworten. Die Besinnungsübung befreit den Geist ein wenig von Blockaden, und das tiefe Wissen, das in unserem Unterbewusstsein ruht, kann leichter an die Oberfläche treten. Vielleicht merkst du aber erst mal noch nicht so viel davon. Das brauchst du auch nicht – mitunter dauert es eine Weile, bis das Unterbewusstsein an die Oberfläche des Bewusstseins dringt. Schreib einfach auf, welche Gedanken, Gefühle und Bilder in deinem Inneren aufgetaucht sind:

_____

_____

_____

_____

_____

Innere Widerstände

Es ist gar nicht so selten, dass bei der Durchführung des Feuerorakels interessante Einsichten ins Bewusstsein treten – man diese Einsichten aber so vehement ablehnt, dass man die Botschaft des Orakels lieber ignoriert. Wie ist es bei dir?

Die Bilder, Gefühle und Gedanken, die aufgetreten sind, waren nicht hilfreich, weil:

_____

_____

_____

_____

Ich lasse mir nicht gern sagen, was ich tun soll, denn:

_____

_____

_____

Traditionen und Bräuche

Auch dieser Brauch ist eine Art Rauhnacht-Neujahrsritual: An Neujahr werden Schulden beglichen. Dieses »Ritual« gehört ja eigentlich grundsätzlich zum guten Ton: Wer sich etwas leiht, sollte es auch zurückgeben. Die Rauhnächtezeit ist ein guter Anlass. Spätestens jetzt ist der Zeitpunkt, die Leihgabe zurückzugeben, um Schulden und negative Energie nicht weiter mit ins neue Jahr zu nehmen. Am besten ist es, wenn du dieses Ritual nicht auf das Materielle beschränkst, sondern es auch den Menschen, die dir geholfen und dir Gutes getan haben, »heimzahlst« und deine immateriellen Schulden begleichst.

Das Bewahren der Tradition ist sehr wertvoll. Aber warum eigentlich? Gerade heute fragen sich das viele Menschen, die finden, Traditionen seien sinnlos und überholt. Auf der anderen Seite halten viele Menschen die Bräuche nur deshalb aufrecht, »weil man das schon immer so gemacht hat«. Immerhin bewahrt das einen wichtigen Teil des Brauchtums: nämlich Gemeinschaft zu stiften.

Aber Bräuche und Traditionen sollten eigentlich lebendig sein. Und lebendig sein bedeutet Veränderung. Das heißt nicht, dass wir unbedingt die Form von Bräuchen verändern müssen. Nur wenn Rituale und Traditionen uns innerlich bewegen und bereichern, sind sie wirklich lebendig. Unsere ältesten Vorfahren haben herausgefunden, wie man Feuer macht. Das war ein großer Schritt in der Geschichte der Menschheit. Und es wurde auch Tradition, das Feuer weiterzugeben, statt es immer wieder neu entfachen zu müssen. Wie anders wäre die Geschichte verlaufen, hätten unsere Vorfahren nicht das Feuer weitergereicht, sondern das Ergebnis des Feuers, die Asche, für heilig erklärt …

Wie der Tag, so der Monat

Du weißt ja: Jede Rauhnacht steht mit einem Monat des folgenden Jahres in Verbindung. Bei der achten Rauhnacht ist es also der August. Achte wieder auf deine Träume und Begegnungen!

Was hast du heute geträumt?

_____

_____

_____

Bauernregeln für den 1. Januar

»Morgenrot am Neujahrstag Unheil bringt
und große Plag'.«

»Neujahrstag kalt und weiß,
wird's im Sommer richtig heiß.«

»Neujahr still und klar deutet
auf ein gutes Jahr.«

»Anfang und Ende vom Januar zeigen das Wetter
für ein ganzes Jahr.«

»Am Neujahrstage Sonnenschein lässt das Jahr
uns fruchtbar sein.«

Rezept: Neujahrsbrezel

Kennst du die Neujahrs- oder Silvesterbrezel? Sie ist in Bayern recht verbreitet. Die Brezelform ist kein Zufall; sie ist seit dem frühen Mittelalter ein Symbol für das Gebet – eine ziemlich »leckere« Form des Betens!

Das folgende Rezept ergibt eine Riesenbrezel, die ein ganzes Backblech füllt:

½ l Vollmilch
2 Hefewürfel
1 kg Weizenmehl
200 g Butter
200 g Zucker
2 Eier
2 TL geriebene Zitronenschale (Bio, damit sie frei von Pestiziden ist!)
1 Prise Salz
Etwas Butter zum Einfetten
1 bis 2 Eigelb

Erwärme die Milch, bis sie lauwarm ist, und verrühre sie dann mit der Hefe. Füge Mehl, flüssige Butter, Zucker, Eier und Zitronenschale hinzu und knete die Masse gründlich durch. Zwischendrin füge ein bisschen Salz hinzu.

Lass den Teig etwa 45 Minuten gehen.

Nimm etwa ein Drittel von dem Teig ab. Den übrigen Teig rollst du zu einer circa 100 Zentimeter langen Rolle. Damit formst du die Brezel. Die Brezel kommt auf ein mit Butter bestrichenes Blech. Den restlichen Teig teilst du wieder in drei Teile und formst drei Rollen, die du in kleine Zöpfe flichst, diese dann mit ein wenig Wasser bepinselst und auf die große Brezel klebst. Lass den geformten Teig nun weitere 20 Minuten gehen. Währenddessen heizt du den Ofen auf 150 Grad vor. Dann bestreichst du die Brezel noch gleichmäßig mit verquirltem Eigelb – dann kannst du sie 30 Minuten lang backen. Warm schmeckt sie am besten!

Meine wichtigsten Erfahrungen in der achten Rauhnacht

Was an den Übungen ist mir schwergefallen?

_____

_____

_____

Was hat sich beim Üben an körperlichen Empfindungen verändert?

_____

_____

_____

Was hat sich beim Üben an seelischen Empfindungen verändert?

_____

_____

_____

8. RAUHNACHT

Welche sonstigen Erfahrungen hatte ich mit den Übungen?

_____

_____

_____

Was ich aus der Erfahrung der achten Rauhnacht mitnehme

Manche der Dinge, die du gelernt hast, sind für dich vielleicht weniger relevant oder liegen dir nicht so – doch bestimmt gibt es ein paar, die dich wirklich weitergebracht haben. Hier ist die Stelle, wo du deine wichtigsten Erfahrungen und Einsichten noch einmal notieren kannst:

_____

_____

_____

_____

_____

_____

9. Rauhnacht

Frieden schließen

★ 2. Januar
★ Makarius
★ Waldfest

Frieden mit anderen und mit dir selbst schließen

Die neunte Rauhnacht öffnet ein Fenster zur Versöhnung sowohl mit unseren Mitmenschen als auch mit uns selbst. In dieser stillen Nacht, in der der Lärm des Alltags in den Hintergrund tritt, können wir den Raum für inneren Frieden erkunden. Es ist die Zeit, Altes loszulassen, Vergebung zu üben und Brücken zu bauen, wo Gräben sind.
Frieden mit anderen zu schließen, bedeutet, Konflikte und Groll zu überwinden. Es erfordert, dass wir über unseren Schatten springen und die Perspektive des anderen verstehen. Unterstützt von der spirituellen Energie der Rauhnacht kannst du die Vergangenheit betrachten, nicht um in ihr zu verweilen, sondern um aus ihr zu lernen und sie schließlich loszulassen. Es ist eine Gelegenheit, »Ich vergebe dir« und »Ich bitte um Vergebung« auszusprechen – Worte, die heilen und befreien können. Ebenso wichtig aber ist auch die Chance, Frieden mit dir selbst zu schließen. Dies bedeutet, dich mit all deinen Fehlern und Unzulänglichkeiten anzunehmen. Dir selbst Vergebung zu schenken, kann manchmal schwieriger sein, als anderen zu vergeben. Doch es ist ein wesentlicher Schritt, um mit sich ins Reine zu kommen. Die Rauhnacht lädt dich dazu ein, in einen Dialog mit dem eigenen Herzen zu treten, Selbstkritik durch Selbstliebe zu ersetzen und dir zu erlauben, in Frieden mit deiner Geschichte und den Entscheidungen zu leben, die du getroffen hast.

Du kannst Rituale des Friedens praktizieren, zum Beispiel das Vergebungsritual, das ich dir in der vierten Rauhnacht vorgestellt habe. Aber auch ein stilles Gebet, eine Meditation oder das Schreiben von Briefen, die nie gesendet werden, aber als symbolische Geste des Loslassens dienen, können dich unterstützen. Jede Handlung, die von einem ehrlichen Wunsch nach Versöhnung getragen wird, ist ein kraftvoller Schritt hin zum Frieden.

Mit wem oder was möchtest du gerne Frieden schließen?
Ist Frieden etwas sehr Abstraktes für dich? Oder kommt dir sofort etwas oder jemand in den Sinn, mit dem du gerne Frieden schließen möchtest? Schreib auf, was dir spontan einfällt:

_____

_____

_____

_____

Schreib einen kurzen Gedanken zum Thema »Frieden« auf
Nun haben wir ja schon angefangen, uns Gedanken darüber zu machen, was Frieden bedeutet. Für dich persönlich mag er aber natürlich noch andere, ganz persönliche Bedeutungen haben. Schreib auf, was dir dazu in den Sinn kommt:

_____

_____

_____

Der Sieg über das Dunkle

Am 2. Januar sind wir schon tief in den Rauhnächten, und wir erleben eine Zeit, die für den langsamen Sieg des Lichts über die Dunkelheit steht. Die Tage, die kaum merklich länger werden, künden von der bevorstehenden Rückkehr des Lichts, einem natürlichen Zyklus, der uns jedes Jahr aufs Neue an den ewigen Rhythmus von Werden und Vergehen erinnert.

In dieser Phase des Jahreszyklus, wenn die Dunkelheit noch vorherrscht, aber das Licht sich schon ankündigt, ist es eine gute Idee, nach innen zu schauen und Frieden zu schaffen. Dieser Frieden, den wir anstreben, ist nicht nur ein Zustand zwischen Menschen, sondern steht auch in Einklang mit den größeren, kosmischen Gesetzen, die unser Leben bestimmen. Und nicht zuletzt ist er auch ein Frieden mit dir selbst.

Der Makariustag soll dich daran erinnern, dass jeder kleine Zuwachs an Licht – jede zusätzliche Minute des Tageslichts – ein Triumph ist. Es ist ein astronomisches Zeichen dafür, dass die Dunkelheit keinen Bestand hat und dass das Licht immer wieder zurückkehrt. In dem Sinne bringt dich der Frieden diesen universellen Kreisläufen näher.

In diesem Geiste kannst du den 2. Januar als einen Anlass betrachten, den Frieden in dir selbst zu kultivieren und zu verstärken. Indem du dir bewusst machst, dass du Teil eines größeren Ganzen bist, kannst du einen tieferen Sinn für Ruhe finden. Dieser Frieden ist der Sieg über das Dunkle in der Seele.

Lass uns also diesen Tag als Gelegenheit nutzen, um uns auf die langsame, aber unaufhaltsame Rückkehr des Lichts einzustellen. Wenn du dich auf diese Energien einlässt, wirst du leichter lernen, Geduld zu haben und zu vertrauen – in die Zyklen der Natur, in die Kraft des Lichts, das Dunkel zu überwinden, und in deine eigene Fähigkeit, inneren Frieden zu finden und zu bewahren.

9. RAUHNACHT

Der Segensspruch für die neunte Rauhnacht

Ich schließe Frieden mit der Welt
und finde Frieden in mir selbst.

Suche nach Wegen, um innere Ruhe zu finden und Konflikte aufzulösen. Stell dir vor, wie dein eigener Segensspruch für den Frieden aussehen könnte, und schreib dein persönliches Motto für den neunten Tag deiner Rauhnachtreise auf.
Mein persönliches Motto für diesen Tag:

_____

_____

Ein Ritual für die neunte Rauhnacht: **Einen Schneemann bauen**

Mittlerweile ist, glaube ich, jedem klar, dass die Zeiten vorbei sind, in denen weiße Weihnachten eher die Regel als die Ausnahme waren. Vor allem im Flachland haben viele Kinder noch nie einen Schneemann gebaut. Da hatten wir es besser. Erst einmal lag unser Hof relativ hoch, und dann hatte die Klimaerwärmung noch nicht so an Fahrt aufgenommen. Ja,

damals wussten wir natürlich noch gar nicht, dass es so etwas gibt. Was es jedenfalls in fast jedem Winter reichlich gab, war Schnee. Und sobald Schnee lag, begannen wir, Schneemänner und -frauen zu bauen.

Zu Beginn der Rauhnächte wurde aber ein ganz besonderer und prächtiger Schneemann gebaut. Er hatte zwölf Knöpfe – für jede Rauhnacht einen – und stand vor dem Küchenfenster, sodass meine Großmutter jeden Tag schon morgens registrieren konnte, welche Entwicklung der Rauhnachtsmann genommen hatte: War er teilweise geschmolzen? Trug er ein frisches Gewand aus Neuschnee? War er gar unter dem Schnee verdeckt?

All diese Zeichen waren für meine Großmutter ein Orakel dafür, was im nächsten Jahr geschehen würde. Und oft lag sie richtig mit dem, was sie im Orakel zu erkennen glaubte.

Welche Erlebnisse hast du mit Schnee gehabt?
Wenn du etwas über den Schneemann liest, was geht dabei in dir vor? Kindheitserinnerungen? Der Bau deines ersten Schneemanns? Bedauern darüber, dass Schnee heute seltener ist?

Hör in dich hinein und schreib auf, was dir spontan in den Sinn kommt:

_____

_____

_____

_____

Cernunnos

Cernunnos ist eine faszinierende Gestalt der keltischen Mythologie, bekannt als der gehörnte Gott des Waldes, der Tiere und der Fruchtbarkeit. Meist wird er mit Hirschgeweihen in einer meditativen Pose und umgeben von Tieren dargestellt, was seine Verbindung zur Natur und zum wilden Leben unterstreicht. Diese Darstellung symbolisiert seine Rolle als Hüter der Natur, als Vermittler zwischen der Menschenwelt und dem Reich der Naturgeister sowie als Friedensstifter.
Vor weit über 3000 Jahren wurde Cernunnos verehrt. Ist es nicht faszinierend, dass es in der alten indischen Zivilisation von Mohenjo-Daro, denkbar weit entfernt von den keltischen Ländern, Abbildungen von Gottheiten gibt, die in einer ganz ähnlichen Pose sitzen wie Cernunnos, geweihtragend und umgeben von Tieren? Und diese uralte Zivilisation ist, wie auch Stonehenge, älter als die Pyramiden! Unsere Vorfahren waren keine felltragenden Barbaren, sondern schufen eine erstaunliche Kultur mit Denkmälern, die heute noch stehen.
Zurück zu Cernunnos. Er verkörpert die untrennbare Verbindung zwischen Mensch und Natur. Die Darstellung von Cernunnos mit Geweih symbolisiert Stärke, Souveränität und die regenerative Kraft der Natur. Interessant aber ist auch, dass diese offensichtlich machtvolle Gestalt in einem Lotossitz mit überkreuzten Beinen sitzt. Cernunnos meditiert in völliger Gelassenheit, und das verleiht ihm eine Aura der Weisheit und des tiefen Friedens. Ist Cernunnos nicht ein idealer Beschützer auf unserem Weg durch die Rauhnächte? Er versinnbildlicht die universellen Themen, die unsere Vorfahren beschäftigten: die Ehrfurcht vor der Natur, die Zyklen des Lebens und die Suche nach einem harmonischen Zusammenleben aller Wesen. Diese Verbindungen über Zeit und Raum hinweg zeigen, dass die Menschheit trotz aller Unterschiede geteilte Fragen und Sehnsüchte hat, die uns miteinander verbinden.

Neunte Rauhnachtmeditation: Das innere Lächeln

In der stillen Dunkelheit dieser Rauhnacht beginnen wir unsere Meditation über das Lächeln – ein Lächeln für andere und ein Lächeln für dich selbst.

Setz dich bequem hin und schließ deine Augen. Atme tief ein und aus und spüre mit jedem Atemzug, wie du ruhiger wirst.
Stell dir vor, wie die Dunkelheit um dich herum von einem sanften Licht erhellt wird. Dieses Licht, so zart und einladend, ist wie ein Lächeln, das durch die Dunkelheit bricht. Fühle, wie dieses Lächeln dein Herz erwärmt, noch bevor es dein Gesicht erreicht.
Nun denke an ein Lächeln, das du kürzlich jemandem geschenkt hast. Erinnere dich, wie einfach und mühelos es war, dieses Geschenk zu geben, und wie es, fast wie von Zauberhand, zurückgegeben wurde. Ein Lächeln begegnet einem anderen, und in diesem Austausch wird die Welt ein wenig heller, ein wenig freundlicher.
Wende dich nach innen und lächle dir selbst zu. Es mag seltsam erscheinen, sich selbst ein Lächeln zu schenken, doch in der Ruhe dieser Rauhnacht ist es ein Akt der Selbstliebe und des Friedens. Spüre, wie dieses innere Lächeln deine Sorgen mildert, deine Lasten leichter macht und eine tiefe Zufriedenheit in dir weckt.
Dein Lächeln weitet sich aus. Es berührt deine Liebsten, deine Freunde, selbst die, mit denen du Schwierigkeiten hast. Verweile ein wenig in diesem Gefühl des Lächelns. Lass es deine Begleitung sein, in dieser Nacht und in den kommenden Tagen.
Wenn du bereit bist, kehre langsam zurück in den Raum, in dem du sitzt. Bewege sanft deine Finger und Zehen, atme tief ein, und beim Ausatmen öffne langsam deine Augen. Trage dieses Lächeln mit dir – als Geschenk für dich und als Geschenk für die Welt.

9. RAUHNACHT

Meine Erfahrungen bei der Meditation

Manchen Menschen fällt es schwer, sich so etwas wie ein sich ausbreitendes Licht vorzustellen, geschweige denn eine farbige Landschaft. In den meisten Fällen ist das, wie so vieles, eine Frage der Übung. Allerdings leiden etwa zwei Prozent aller Menschen an »Afantasie«, also der Unfähigkeit, sich Bilder vorzustellen. Solltest du betroffen sein, quäle dich nicht, sondern meditiere öfter über greif- und sichtbare Dinge.
Hier schreib erst einmal auf, wie es dir mit der Besinnungsübung ergangen ist. Hast du ein Gefühl tiefen Friedens erlebt? Oder warst du eher nervös? Was fiel dir leicht, was hat dich abgelenkt? Was ging in deinen Gedanken und Gefühlen vor?

_____

_____

_____

_____

Die Welt der Fantasie

Wir können in uns Welten erschaffen, in denen wir das, was wir tun, erst einmal ganz gefahrlos ausprobieren. Diese Kraft, Welten in unserem Kopf erstehen zu lassen, heißt bekanntlich Fantasie. Wie steht es um deine Fantasie?

_____

_____

_____

_____

_____

_____

Schwendtage

Weißt du, was ein Schwendtag ist? Im Bairischen ist das ein Unglückstag, ein ver*schwend*eter Tag. Im Volksglauben heißt es, dass an solchen Tagen alles weniger leicht gelingt. An einem Schwendtag sollte man nichts Neues beginnen. Das heißt, auch keine Reise antreten, keinen neuen Kredit aufnehmen, keine Geschäftsabschlüsse tätigen oder gar heiraten. Dass es Unglückstage, oder sagen wir lieber gefährliche Tage, gibt, ist unseren Vorfahren schon lange bekannt gewesen. Auch in Rom waren Schwendtage nicht nur bekannt, sondern wurden sogar in die Kalender eingetragen: Das waren die *dies atri*, die »schwarzen Tage«.

Aber wann sind nun diese Schwendtage? Also heute, morgen und übermorgen, am 2., 3. und 4. Januar schon mal. Und dann noch so einige mehr:

- 1. April (Geburtstag des Judas).
- 1. August (Verbannung Luzifers in die Hölle).
- 1. Dezember (Untergang von Sodom und Gomorrha).

Das sind die schlimmsten. Aber es gibt noch weitere: 17., 18. Januar; 8., 16., 17. Februar; 1., 12., 13., 15. März; 3., 15., 17., 18. April; 8., 10., 17., 30. Mai; 1., 7. Juni; 1., 5., 6. Juli; 1., 3., 18., 20. August; 15., 18., 30. September; 15., 17. Oktober; 11., 17. November; 7., 11. Dezember.

Nun lass dich davon aber nicht verrückt machen. Pass nur an diesen Tagen ein bisschen besser auf dich auf!

9. RAUHNACHT

Wie der Tag, so der Monat

Mittlerweile dürfte es dir vertraut sein, dass jede Rauhnacht mit einem Monat des folgenden Jahres in Verbindung steht. Heute, am neunten Tag der Rauhnächte, ist es der neunte Monat des neuen Jahres, also der September.

Achte auf deine Träume und Begegnungen und schreib sie auf!

Was hast du heute geträumt? Wer und was ist dir begegnet?

_____

_____

_____

_____

_____

Bauernregeln für den 2. Januar

»Makarius das Wetter prophezeit
für die ganze Erntezeit.«

»Wie das Wetter zu Makarius war,
so wird's auch im September – trüb oder klar.«

Frau Holle

In den Sagen und Märchen der Rauhnächte begegnen uns immer wieder weibliche Gestalten und Göttinnen, die in der Mythologie und im Volksglauben eine große Rolle spielten. Tatsächlich sind Mutterriten und die weibliche Seite der Spiritualität wie Fruchtbarkeit, Neugeburt und Wachstum eng mit der Überlieferung der Rauhnächte verknüpft. Interessanterweise tragen die Rauhnächte auch den Beinamen »Mutternächte«. Je nach Zeitalter und Region hatten die Göttinnen verschiedene Namen. Doch immer repräsentieren sie Qualitäten wie Fruchtbarkeit, Erneuerung und weibliche Intuition.

Frigg, die Urgöttin der nordischen Mythologie, kennt man ebenso unter dem Namen »Berchta«, »Perchta« oder »Berchtl« (»die Strahlende, Glänzende«; siehe auch den Abschnitt »Perchten, schee und schiach« im Kapitel über die zwölfte Rauhnacht). Im Volk wurde sie hoch verehrt und erscheint im Märchen als die gütige Frau Holle. Unter dem Einfluss der Christen wurde die »Strahlende« jedoch bald als Gespenst umgedeutet und gefürchtet. Ich hoffe, dass das heute niemand mehr ernst nimmt und auch in Zukunft eher die strahlende, weibliche Natur des Göttlichen erkannt wird.

Rezept: Semmelknödel und Rahmschwammerl

Neben Schweinsbraten ist Semmelknödel mit Rahmschwammerlsoße wohl eines der bekanntesten klassischen bayerischen Gerichte. Bei uns gab's das mindestens einmal in der Rauhnachtzeit.

6 alte Semmeln	300 g frische Schwammerl (Pilze)
¼ l Milch	Butter
2 Eier	1 EL Mehl
Salz, Muskat, Petersilie	200 ml Sahne
1 Zwiebel	Salz, Pfeffer

Du schneidest erst mal die Semmeln in Würfel und lässt sie in warmer Milch 5 Minuten lang ziehen. Dann gibst du Eier, Salz, Muskat und gehackte Petersilie hinzu und vermischst sie gründlich zu einem Teig. Jetzt kannst du die Knödel formen, in siedendes Salzwasser geben und etwa 20 Minuten darin ziehen lassen.

Für die Soße brätst du Zwiebel und Pilze in Butter an und gibst dann das Mehl hinzu. Die Soße wird nun mit Sahne abgelöscht und mit Salz und Pfeffer gewürzt.

Nun kannst du die Knödel mit der Pilzrahmsoße servieren.

Guten Appetit!

Meine wichtigsten Erfahrungen in der neunten Rauhnacht

Was an den Übungen ist mir schwergefallen?

_____

_____

_____

Was hat sich beim Üben an körperlichen Empfindungen verändert?

_____

_____

_____

Was hat sich beim Üben an seelischen Empfindungen verändert?

_____

_____

_____

9. RAUHNACHT

Welche sonstigen Erfahrungen hatte ich mit den Übungen?

_____

_____

_____

Was ich aus der Erfahrung der neunten Rauhnacht mitnehme

Manche der Dinge, die du gelernt hast, sind für dich vielleicht weniger relevant oder liegen dir nicht so – doch bestimmt gibt es ein paar, die dich wirklich weitergebracht haben. Hier ist die Stelle, wo du deine wichtigsten Erfahrungen und Einsichten noch einmal notieren kannst:

_____

_____

_____

_____

_____

_____

_____

10. Rauhnacht
Achtsam werden

★ 3. Januar
★ Fest des allerheiligsten Namens Jesu

Achtsamkeit

Für die Rauhnächte, diese besondere Zeit zwischen den Jahren, wenn die Welt um uns herum zur Ruhe kommt und der Schnee – wenn es denn welchen gibt – alles in Stille hüllt, möchte ich dir eine einfache, aber kraftvolle Praxis nahelegen: die Achtsamkeit.

Achtsamkeit ist nichts Kompliziertes. Es bedeutet einfach, im Hier und Jetzt zu sein, nicht mit den Gedanken und Gefühlen in Vergangenheit oder Zukunft zu verweilen. Es geht darum, den Moment zu spüren und anzunehmen, was ist, ohne sofort zu bewerten oder verändern zu wollen. Egal, ob du draußen im Schnee stehst und seine Kälte fühlst, den klaren Sternenhimmel betrachtest oder einfach nur dasitzt und deinem Atem lauschst – das alles sind Wege, achtsam zu sein. Nutze die Rauhnächte, um einen Gang herunterzuschalten, nimm dir Zeit, um bewusst durch deinen Tag zu gehen, und achte auf die kleinen Dinge, die dir sonst vielleicht entgehen. Das kann der Geschmack deines Morgentees sein, das Gefühl von warmem Wasser beim Abwaschen oder einfach die Stille, die sich einstellt, wenn du abends das Licht löschst.

Achtsamkeit kann dir helfen, Altes zu verarbeiten und loszulassen. Es ist wie beim Pflügen des Feldes: Erst wenn der Boden umgebrochen und von alten Wurzeln und Unkraut befreit ist, bietet er die besten Voraussetzungen für das neue Saatgut, um zu wachsen und zu gedeihen. So können wir auch in unserem Leben Platz für Neues schaffen, indem wir Altes, das uns nicht mehr dient, loslassen.

Ich möchte dich hier nicht mit großen Theorien quälen. Stattdessen lade ich dich ein, Achtsamkeit selbst zu erleben. Nutze die Rauhnächte für diese einfache Praxis. Vielleicht wirst du feststellen, wie sie dir hilft, klarer zu sehen, was in deinem Leben wichtig ist und was nicht. Und vielleicht findest du so zu tieferer Ruhe und Zufriedenheit.

10. RAUHNACHT

Bist du in Gedanken oft in der Vergangenheit oder Zukunft?

Wie häufig reist du in deinen Gedanken und Gefühlen durch die Zeit? Die meisten Menschen denken oft an Vergangenes – und dann auch noch an unangenehme Erfahrungen. Oder sie sind in der Zukunft und denken darüber nach, was alles noch zu machen ist und ob es wohl gut gehen wird. Wie ist es bei dir? Höre mal in dich hinein uns sieh, wo du am häufigsten mit deinen Gedanken bist:

_____

_____

_____

_____

_____

Was sind deine »Schubladen«?

Es ist ganz natürlich für Menschen, Ordnung zu schaffen. Alles, was geschieht, ordnen wir in der Regel in Kategorien ein – zumindest in »gut« oder »schlecht«. Sieh mal genau hin, welche dieser »Schubladen« du besonders häufig verwendest:

_____

_____

_____

_____

Der Lauf der Sonne

Die Sonne ist – neben der Erde natürlich – das für uns wichtigste astronomische Objekt. Aber der Begriff »Objekt« trifft es nicht wirklich. Ohne die Sonne gäbe es kein Leben. Und mit der Sonne sind, wie jeder weiß, auch alle möglichen Gefühle und Vorstellungen verbunden. Daher wurde sie in alten Kulturen oft als Gottheit verehrt. Sie bestimmt die Jahreszeiten und den Tageslauf.

Bei alldem wundere ich mich manchmal, wie wenig viele Menschen über die Sonne und ihren Lauf wissen. Und damit meine ich nicht etwa die Erkenntnisse der Astrophysik. Wusstest du zum Beispiel, dass sich die

Erde um den 3. Januar am sonnennächsten Punkt befindet, dem sogenannten Perihel? Und trotzdem ist es jetzt die kälteste Zeit des Jahres. Dies scheint auf den ersten Blick verwirrend. Die Jahreszeiten werden aber nicht durch die Entfernung zur Sonne bestimmt, sondern durch den Winkel, in dem das Sonnenlicht auf die Erdoberfläche trifft. Darüber hinaus markieren die Sonnwenden und Tagundnachtgleichen wichtige Wendepunkte im Sonnenjahr. Zur Wintersonnwende, die etwa am 21. Dezember stattfindet, erleben wir den kürzesten Tag und die längste Nacht. Die Sommersonnwende um den 21. Juni bringt den längsten Tag. Die Tagundnachtgleichen, die ungefähr am 20. März und 23. September eintreten, sind die Tage, an denen Tag und Nacht gleich lang sind und die Sonne direkt über dem Äquator steht.

Diese astronomischen Ereignisse hatten für unsere Vorfahren große Bedeutung, denn sie bestimmten die Zeiten für Aussaat und Ernte und waren oft mit Festen und Ritualen verbunden. Selbst in unserer modernen Welt, in der wir uns von den natürlichen Zyklen zu entfernen scheinen, behalten diese Ereignisse ihre Bedeutung, da sie uns an die Wunder und die Präzision des Universums erinnern.

Der Segensspruch für die zehnte Rauhnacht

Ich bin hier. Ich bin jetzt.
Ich nehme wahr, ohne zu werten.

Lass dich dazu anregen, jeden Moment bewusst zu erleben. Denk darüber nach, wie du ein persönliches Motto formulieren kannst, das deine Art unterstützt, Achtsamkeit in dein Leben zu bringen. Der Segensspruch, den ich dir vorgeschlagen habe, ist nur eine Möglichkeit; vielleicht findest du einen, der besser für dich passt.

Mein persönliches Motto für diesen Tag:

_____

_____

Ein Ritual für die zehnte Rauhnacht: **Sehen, hören, fühlen**

Für die zehnte Rauhnacht möchte ich dir ein einfaches Achtsamkeitsritual vorstellen. Es geht dabei darum, die Welt um dich und in dir mit Klarheit und ohne Urteil zu erleben. Dieses Ritual wird dir helfen, im gegenwärtigen Moment präsent zu sein und dich mit deinem direkten Erleben zu verbinden.

Setz dich an einen Ort, an dem du dich wohl und sicher fühlst. Atme tief durch, und wenn du bereit bist, halt die Augen offen und lass den Blick durch den Raum wandern. Benenne spontan drei Dinge, die du wahrnimmst, zum Beispiel: »Ich sehe eine flackernde Kerze, ich sehe Schatten an der Wand, ich sehe den dunklen Umriss einer Pflanze.« Versuche, dabei keine Bewertungen abzugeben, sondern beobachte nur und nimm wahr, was vor dir ist.

Schließ nun die Augen und konzentrier dich auf das, was du hörst. Benenne innerlich drei Geräusche, die du vernimmst. Das könnte sein: »Ich höre das Ticken einer Uhr, ich höre das leise Zischen der Heizung, ich höre den Wind gegen das Fenster wehen.« Akzeptiere jedes Geräusch, ohne es zu bewerten oder über seine Ursache nachzudenken.

Zuletzt bleib mit geschlossenen Augen sitzen und verlagere deine Aufmerksamkeit auf deinen Körper. Benenne drei Empfindungen, die du in diesem Moment spürst. Beispielsweise: »Ich spüre die Weichheit meiner Kleidung auf der Haut, ich spüre den festen Sitz meiner Füße auf dem Boden, ich spüre die Wärme, die von meiner Hand ausgeht.« Sei dir dieser Empfindungen bewusst, ohne sie zu bewerten oder verändern zu wollen.

Am Ende des Rituals halte einen Moment inne und erkenne die Erfahrung des reinen Wahrnehmens an. Wenn du die Übung abschließt, nimm dir Zeit, um zu reflektieren, wie sich diese einfache Praxis auf deine Gedanken und Gefühle ausgewirkt hat. Dieses Ritual kann dir helfen, die Rauhnächte mit einer neuen Wahrnehmung für die kleinen Details des Lebens zu erleben und gleichzeitig eine tiefere Ruhe in dir zu kultivieren.

10. RAUHNACHT

Wie fühle ich mich?

Was geht in dir vor, wenn du dieses kleine Ritual durchführst? Hat es dir Einsichten vermittelt, oder konntest du nicht so viel damit anfangen? Hör in dich hinein und schreib auf, was du fühlst und denkst:

_____

_____

_____

_____

Der Lärm der Rauhnächte

Die Rauhnächte sind wie gesagt die »staade«, also stille Zeit. Und doch ist es nun, wie du ja weißt, nicht immer still. Die Feuerwerke an Silvester, die Perchtenumzüge, bei denen Maskengestalten lautstark durch die Straßen ziehen, um die bösen Geister des Winters zu vertreiben, sind gerade das Gegenteil von Ruhe.

Der Kontrast zwischen Stille und Lärm, Licht und Dunkelheit ist tief ins Brauchtum der Rauhnächte eingewebt. Die Feuerwerke, das Donnern und Krachen und Lärmen der Umzüge durchbrechen die Stille der Winternacht und vertreiben die Schatten des alten Jahres. Sie sind ein Echo auf ältere, vorchristliche Bräuche, die bis heute in vielen Regionen bestehen. Trotz dieser lauten und farbenfrohen Unterbrechungen bleibt die Essenz der Rauhnächte eine der inneren Einkehr. Es ist eine Zeit, in der wir das vergangene Jahr Revue passieren lassen, unsere Hoffnungen und Wünsche für das kommende Jahr formulieren und die Verbindung zu unseren Wurzeln und Traditionen erneuern. So vereinen die Rauhnächte die Stille mit dem Lärm, das Alte mit dem Neuen und erinnern uns daran, dass im Zyklus der Natur und des Lebens beide Seiten notwendig und wertvoll sind.

Zehnte Rauhnachtmeditation:
Gehmeditation

Eine Möglichkeit, Achtsamkeit in den Rauhnächten zu üben, ist achtsames Gehen. Es ist eigentlich wie Spazierengehen – nur eben ganz bewusst und achtsam. Dadurch wird es zu einer Meditation. Du kannst auch zu Hause achtsames Gehen üben – doch in der Natur ist es besser.

Such dir dazu einen friedvollen Ort, vielleicht einen stillen Waldweg oder einen Pfad entlang eines Feldes, wo du ungestört sein kannst. Steh zunächst still, schließ die Augen und nimm drei tiefe, beruhigende Atemzüge. Mit jedem Ausatmen lass die Belastungen des Alltags los und erlaube dir, ganz im Hier und Jetzt anzukommen.
Öffne deine Augen und setz den ersten Schritt ganz bewusst und voller Absicht. Sei dir bewusst, wie dein Fuß den Boden berührt, spüre die Textur und die Kühle oder Wärme der Erde unter dir. Beginne dann, langsam zu gehen, fast wie in Zeitlupe, achte dabei auf jeden Schritt, als ob jeder Fußabdruck eine bewusste Verbindung zur Erde darstellt.
Konzentriere dich voll und ganz auf die Bewegung deiner Füße. Beobachte, wie der Fuß sich hebt, durch die Luft bewegt und wieder den Boden berührt. Spüre die Muskeln, die dabei zum Einsatz kommen, und wie sich dein Gewicht von einem Fuß auf den anderen verlagert. Lass diesen Prozess ganz natürlich und ohne Eile ablaufen. Öffne deine Sinne für die Umgebung. Lausche den Geräuschen des Waldes oder der Felder, dem Rauschen der Blätter, dem Gesang der Vögel. Nimm die Luft auf deiner Haut wahr, den Duft der Erde und der Pflanzen. Erlaube dir, ein Teil der Natur zu sein, verbunden durch deine Bewegung und deine Achtsamkeit.

Wenn du spürst, dass deine Meditation zu einem natürlichen Ende kommt, verlangsame deine Schritte, bis du zum Stillstand kommst. Bleib einen Moment in Dankbarkeit für diese Zeit der Verbindung mit dir selbst und der Natur stehen. Atme tief ein und aus und nimm dieses Gefühl der Ruhe und Klarheit mit zurück in deinen Tag.

Meine Erfahrungen bei der Meditation

Diese Meditationsübung ist eine meiner liebsten. Sie verbindet uns mit dem Körper und hilft, achtsam und ruhig zu werden. Das meine ich – aber wichtiger ist, was *dir* leichtfiel, was *dich* abgelenkt hat und was *in dir* vorging:

_____

_____

_____

_____

_____

Gehen ist gar nicht so leicht

Das Ziel dieser Besinnungsübung ist, wie bei allen Meditationen, den Geist zu klären und vom Unwesentlichen zum Wesentlichen zu gelangen, damit neue Erfahrungen und Einsichten an die Oberfläche des Bewusstseins steigen können. Das Besondere aber ist die Verbindung mit dem Körper. Was erlebst du bei den folgenden Aussagen?

Ich bin eins mit meinem Körper.

_____

_____

_____

Bewegung macht mir Freude.

_____

_____

_____

Pendeln

»Pendeln« klingt vielleicht etwas esoterisch; doch gerade in den Rauhnächten ist es ein hervorragendes Mittel, um eine intensivere Verbindung zur eigenen Intuition aufzubauen. Probier es einfach mal aus.
Mit dem Pendel zu »arbeiten«, ist ganz einfach. Halte das Pendel – ein Gewicht an einer Schnur – bereit und fokussiere dich auf deine Fragen. Lass das Pendel über einen festen Punkt schwingen, konzentriere dich auf deine Frage und nimm die Bewegungen des Pendels als Antworten. Vor und zurück steht für »Ja«, seitwärts für »Nein«, im Kreis für »Unklar«. Nimm dir Zeit, die Antworten zu reflektieren und zu verstehen, was sie für deine persönliche Entwicklung bedeuten können.

10. RAUHNACHT

Das Pendeln in den Rauhnächten kann dir helfen, mit deiner Intuition zu kommunizieren und bewusste Entscheidungen für das neue Jahr zu treffen. Es ist eine Zeit der Reflexion und des Neubeginns, unterstützt durch die Weisheit, die in der Stille gefunden wird.

Traditionen und Bräuche

- Begegnest du in den Rauhnächten fremden Menschen, gib besonders gut acht. Nicht selten haben diese Begegnungen eine Bedeutung für die Zukunft.

- Füttert man die Hühner in den Rauhnächten mit Erbsen, legen sie viele Eier.

Wie der Tag, so der Monat

Denk daran, dass natürlich auch heute der Tag mit einem Monat des Jahres korrespondiert. Zur zehnten Rauhnacht ist es der zehnte Monat des neuen Jahres, also der Oktober.

Achte wieder auf deine Träume und Begegnungen und schreib sie auf! Was hast du heute geträumt? Welchen Menschen bist du begegnet?

_____

_____

_____

Bauernregeln für den Januar

Der Januar ist für Bauern eine wichtige Zeit, in der die Weichen für das kommende Erntejahr gestellt werden. Daher gibt es für den Januar besonders viele Sprüche im Bauernkalender. Hier sind die bekanntesten und wichtigsten:

»Ist der Januar hell und weiß, wird der Sommer sicher heiß.«
»Januar muss vor Kälte knacken, wenn die Ernte gut soll sacken.«
»Eis und Schnee im Januar künden ein gesegnet' Jahr.«
»Lässt der Januar Regen fallen, lässt der Lenz es gefrieren.«
»Nebel im Januar bringt ein nass' Frühjahr.«
»Braut der Januar Nebel gar, wird der Frühling nass fürwahr.«
»Ist der Januar sehr nass, bleibet leer des Winzers Fass.«
»Regen im Jänner, doppelte Keime, doch halbe Frucht in der Scheune.«
»Ist der Januar feucht und lau, wird das Frühjahr trocken und rau.«
»Ist der Januar nass und warm, wird der Bauersmann bald arm.«
»Im Januar viel Muckentanz, verdirbt die Futterernte ganz.«
»Sind im Januar die Flüsse klein, gibt's im Herbst an guadn Wein.«
»Ist der Januar gelind, die Trauben im Oktober trefflich sind.«
»Im Januar Donnergroll macht Kästen und Kisten voll.«
»Ist der Jänner milde, führt er gut's Frühjahr und Sommer im Schilde.«
»Gibt's im Jänner Wind von Osten, tut die Erde langsam frosten.«
»Wenn im Jänner Gewitter toben, dann gibt's im Jahr nicht viel zu loben.«

Manche Regeln scheinen widersprüchlich, beispielsweise »Braut der Januar Nebel gar, wird der Frühling nass fürwahr« und »Wenn im Januar viel Nebel steigen, wird sich ein schönes Frühjahr zeigen«. Für die Landwirtschaft ist das aber gar kein Widerspruch – ein nasser Frühling ist etwas Schönes, weil er eine reiche Ernte bedeutet!

Rezept: Bayrische Brezensuppe

Eine Brezensuppe – das klingt für Nichtbayern wohl sehr »exotisch«. Aber wer sie einmal probiert hat, weiß, wie köstlich sie sein kann.

1 kleine Zwiebel	100 ml Sahne
Etwas Butter	Salz, Pfeffer
4 Laugenbrezeln (vom Vortag)	Etwas Schnittlauch
1 l Rinder- oder Gemüsebrühe	

Schäle die Zwiebel und schneide sie in Würfel. Erhitze dann in einer Pfanne etwas Butter bei mittlerer Hitze. Gib die Zwiebelwürfel hinzu, sobald die Butter geschmolzen ist, und dünste sie glasig.
Während die Zwiebeln dünsten, nimm die Laugenbrezeln und zerteile sie in kleine, mundgerechte Stücke. Sobald die Zwiebeln glasig sind, füge die Brezelstücke hinzu und lass sie 5 Minuten mit den Zwiebeln anschwitzen. Sie sollen etwas von der Butter aufnehmen und leicht rösten, damit sie später die Brühe besser aufnehmen können.
Jetzt kommt die Brühe dazu. Gieße sie über die Brezeln und Zwiebeln und erhöhe die Hitze, damit die Brühe zum Kochen kommt. Lass alles 10 Minuten leicht köcheln. In dieser Zeit werden die Brezeln weich, und die Brühe nimmt das Aroma der Zwiebeln und der Brezeln auf. Rühre dann die Sahne ein. Jetzt ist es an der Zeit, die Suppe mit Salz und Pfeffer abzuschmecken. Hast du die Suppe gewürzt, nimm sie vom Herd und schneide etwas Schnittlauch frisch über die Suppe; das sieht nicht nur schön aus, sondern gibt auch einen frischen Geschmack. Lass es dir schmecken!

Meine wichtigsten Erfahrungen in der zehnten Rauhnacht

Was an den Übungen ist mir schwergefallen?

_____

_____

_____

Was hat sich beim Üben an körperlichen Empfindungen verändert?

_____

_____

_____

Was hat sich beim Üben an seelischen Empfindungen verändert?

_____

_____

_____

10. RAUHNACHT

Welche sonstigen Erfahrungen hatte ich mit den Übungen?

_____

_____

_____

Was ich aus der Erfahrung der zehnten Rauhnacht mitnehme

Manche der Dinge, die du gelernt hast, sind für dich vielleicht weniger relevant oder liegen dir nicht so – doch bestimmt gibt es ein paar, die dich wirklich weitergebracht haben. Hier ist die Stelle, wo du deine wichtigsten Erfahrungen und Einsichten noch einmal notieren kannst:

_____

_____

_____

_____

_____

_____

_____

11. Rauhnacht

Dankbarkeit pflegen

★ 4. Januar
★ Fest Unserer Lieben Frau von Treviso

Danken befreit

In den stillen, dunklen, kalten Nächten der Rauhnächte lädt dich die Zeit ein, dir selbst zu begegnen. Und wenn du dabei durch die Seiten deines Tagebuchs blätterst und feststellst, dass Dankbarkeit nicht sofort in dir aufkeimt, sei unbesorgt.

»Dankbarkeit befreit« – dieser Satz ist nicht nur ein Versprechen, sondern auch ein Pfad, den du einschlagen kannst, selbst wenn er dir gerade verborgen scheint.

Dankbarkeit ist eine Fähigkeit, die trainiert werden will, und es ist normal, dass sie nicht immer leichtfällt. Vielleicht war dein Jahr herausfordernd, und die positiven Momente fühlen sich rar an. Doch was ist mit der Stärke, die du in schwierigen Zeiten bewiesen hast, mit den Lektionen, die du gelernt hast, oder mit der Geduld und der Ausdauer, die du aufgebracht hast? Sind sie nicht wertvoll?

Nimm dir Zeit, um nachzudenken: Was hat dich trotz aller Widrigkeiten weitermachen lassen? Auch wenn es nur kleine Schritte waren, die du genommen hast, jede Anstrengung zählt und verdient es, gewürdigt zu werden. Schreibe diese Überlegungen nieder, denn indem du sie festhältst, erlaubst du dir, die verborgene Dankbarkeit zu entdecken, die vielleicht nur darauf wartet, gewürdigt zu werden.

Durch das bewusste Anerkennen auch der kleinsten Lichtblicke beginnst du, deine Perspektive zu weiten und die Welt mit anderen Augen zu sehen. Du gibst dir die Erlaubnis, aus innerer Fülle statt aus einem Mangel heraus zu leben. So wird Dankbarkeit zu einem Schlüssel, der dich befreit und dir ermöglicht, mit einem neuen Verständnis und einer neuen Wertschätzung für deine Erfahrungen in das neue Jahr zu treten.

Für was bist du besonders dankbar?

Vielleicht gibt es vieles, wofür du dankbar bist; vielleicht fällt dir aber auch nur wenig ein. Wenn du unter Schmerzen, Sorgen oder Ängsten leidest, ist das ja verständlich. Du solltest hier ganz ehrlich gegenüber dir selbst

11. RAUHNACHT

sein. Dieses Rauhnacht-Tagebuch ist ja nur für dich. Schreib alles auf, was dir spontan in den Sinn kommt:

_____

_____

_____

_____

_____

Schreib einen Gedanken zum Thema »Dankbarkeit« auf

Vielleicht hast du dir nun schon ein wenig Gedanken darüber gemacht, was Dankbarkeit bedeutet. Doch es ist nicht ganz so wichtig, was du darüber *denkst,* sondern was du dabei *fühlst*. Du machst einen wichtigen Schritt, wenn du diese Gedanken und Gefühle klar formulierst und in Worte fassen kannst. Dadurch werden sie konkret und können dich auf deinem Lebensweg leiten:

_____

_____

_____

_____

_____

Rauhnachtkinder

Feierst du in den Rauhnächten Geburtstag? Oder ist dein Partner oder sind deine Kinder in den Rauhnächten geboren? Die Vorstellung von »Rauhnachtkindern« entstammt einer tief verwurzelten Tradition. Kinder, die in diesen Tagen geboren werden, sind nach altem Glauben mit speziellen Eigenschaften und Fähigkeiten gesegnet.

Rauhnachtkinder sind oft besonders intuitiv. Ihre Geburt in dieser »Zwischenzeit« verleiht ihnen eine natürliche Verbindung zum Mystischen, was sich in einer tiefen Intuition und einer starken emotionalen Intelligenz äußern kann. Meist sind solche Menschen auch besonders sensitiv gegenüber ihrer Umgebung und den Emotionen anderer Menschen. Sie sind sehr empathisch und können Stimmungen und Atmosphären intuitiv erfassen.

Die Energie der Rauhnächte kann sich auch in erhöhter Kreativität zeigen. Rauhnachtkinder fallen nicht selten schon früh wegen ihres Talents für Kunst, Musik oder Schreiben auf.

Wegen ihrer Sensitivität und intuitiven Natur benötigen sie ein Umfeld, das sie versteht und akzeptiert. Sie blühen auf, wenn ihre emotionalen

und spirituellen Bedürfnisse ernst genommen und unterstützt werden. Es ist wichtig, ihnen Freiräume zu schaffen, in denen sie ihre kreativen Fähigkeiten ausleben und weiterentwickeln können.

Aufgrund ihrer hohen Empfindsamkeit können Rauhnachtkinder leicht von zu starken Sinnesreizen oder emotionalen Turbulenzen überwältigt werden. Ein ruhiges, unterstützendes Umfeld hilft ihnen, ihre Mitte zu finden und zu bewahren.

Das ist gut zu wissen, wenn du ein »Rauhnachtkind« kennst, selbst wenn es schon erwachsen ist.

Ein Ritual für die elfte Rauhnacht:
Dankbarkeitsgebet

Inmitten der Hektik des Alltags bietet ein Dankbarkeitsritual einen Moment der Ruhe und Besinnung. Das folgende kurze Gebet ist das Kernstück eines solchen Rituals. Es hilft dir, deinen Geist und dein Herz zu öffnen:

Danke, dass ich hier sein darf.
Auch wenn mich Sorgen plagen, wenn ich ängstlich bin:
danke, dass ich alles in mir trage, was ich brauche,
um das Schwere zu erleichtern.
Danke, dass ich Danke sagen kann.

Finde einen ruhigen Ort, an dem du ungestört bist. Zünde eine Kerze an und nimm ein paar tiefe Atemzüge. Fühle, wie mit jedem Atemzug Ruhe in deinen Körper und Geist einkehrt. Sprich nun das Dankbarkeitsgebet langsam und mit Bedacht. Versuche, jede Zeile wirklich zu fühlen und die Dankbarkeit in deinem Herzen zu spüren. Nach dem Gebet nimm dir ein wenig Zeit, um über die Dinge nachzudenken, für die du dankbar bist. Beende dein Ritual mit einem tiefen Atemzug und der inneren Absicht, die Dankbarkeit in deinen Alltag zu tragen. Sprich ein Dankeswort und blase die Kerze aus.

Dieses Dankbarkeitsritual und das Gebet können dir helfen, eine tiefere Verbindung zu den vielen Segnungen in deinem Leben zu finden und sie bewusst zu würdigen. Es ist ein einfacher, aber kraftvoller Weg, um Dankbarkeit zu einem festen Bestandteil deines Lebens zu machen.

Wie fühle ich mich?

Was geht in dir vor, wenn du dieses Ritual liest? Wenn du es durchgeführt hast? Hör in dich hinein und schreib auf, was du fühlst:

_____

_____

_____

_____

Der Segensspruch für die elfte Rauhnacht

In Dankbarkeit erblüht mein Herz.

Das Motto dient als Anregung, täglich Dankbarkeit zu leben. Du kannst das vorgeschlagene Motto nehmen, noch besser aber finde ein eigenes, das deine individuelle Art, Dankbarkeit zu erleben und auszudrücken, widerspiegelt und dich auf dem vorletzten Tag deiner Rauhnachtreise begleitet. Mein persönliches Motto für diesen Tag:

_____

_____

Samhain und Halloween

Kannst du dir denken, warum hier diese Novemberfeste auftauchen? Wenn du bisher mit diesem Tagebuch gearbeitet hast, ist es wahrscheinlich klar: Der elfte Tag der Rauhnächte korrespondiert mit dem elften Monat, also dem November.

Vielleicht weißt du nicht, was »Samhain« ist. Nun, Samhain ist der Gegenpol zum Frühlingsfest Beltane. Das Fest wird (zumindest traditionell) nicht nach dem Sonnenkalender gefeiert (also immer zum gleichen Datum), sondern nach dem Mondkalender: Samhain ist der elfte Neumond des Jahres. Das ist schon eine Besonderheit, denn alle anderen Mondfeste (Imbolc, Beltane und Lammas) sind Vollmondfeste. Das weist ein wenig auf das Dunkle an Samhain hin. Mit Samhain beginnt die kurze Herrschaft der Unterwelt – bis an Yule, der Wintersonnwende, das Licht wiedergeboren wurde.

Wie Halloween, Allerheiligen und Allerseelen, die wohl aus Samhain hervorgegangen sind, war dieses Fest dem Gedenken der Ahnen gewidmet. Auch das Vieh kehrte um diese Zeit von den Almen in die Ställe zurück – und selbst die Geister der Toten möchten heimkehren, bevor der Winter naht.

Die elfte Rauhnacht trägt dieselbe »Energie«. Deshalb ist es gut, heute an das Vergangene, an die Ahnen und die eigene Vergangenheit zu denken und diese mit Dankbarkeit zu ehren. Dies ist eine gute Vorbereitung auf die Novemberfeste; du kannst deine Seele jetzt schon auf das Kommende einstellen.

Heute ist natürlich nicht Halloween, Allerheiligen oder Samhain. Daher sind auch nicht dieselben Rituale sinnvoll. Doch die Energie der Rauhnächte wirkt sich auf das gesamte kommende Jahr aus – und heute ist der Spiegeltag zu den Novemberfesten. Gedenke mit Dankbarkeit des Vergangenen und dessen, was kommt.

Elfte Rauhnachtmeditation:
Dankbarkeitsmeditation

Setz dich an einen ruhigen Ort. Schließ deine Augen und atme tief ein. Komm zur Ruhe. Lass die Stille um dich herum zu einem Raum der Besinnung werden.

Stell dir nun vor, dass du in einer klaren Nacht unter dem sternenbesetzten Nachthimmel stehst. Unter deinen Füßen spürst du die feste Erde, über dir das unendliche Universum. In diesem Moment, eingebettet zwischen Himmel und Erde, öffnest du dein Herz für die Fülle des Lebens.

Beginne nun, in Gedanken durch das vergangene Jahr zu wandern. Erinnere dich an die Momente der Freude, der Herausforderung, der Liebe und sogar der Traurigkeit. Jede Erfahrung hat dich geformt, hat dir Lektionen gebracht und dich wachsen lassen.

Nun fokussierst du dich auf die Dankbarkeit. Denke an die Menschen, die dir beigestanden haben, die dir ein Lächeln geschenkt, eine helfende Hand gereicht oder einfach nur zugehört haben. Fühle die Wärme, die diese Gedanken in dir erzeugen, und sag in deinem Herzen: »Danke.« Erweitere deine Dankbarkeit auf die scheinbar kleineren Dinge – einen sonnigen Tag, ein köstliches Essen, ein gutes Buch. All diese scheinbar kleinen Dinge bereichern dein Leben auf so wunderbare Weise. Lass dein Herz mit Dankbarkeit für diese Geschenke des Alltags überfließen.

Stell dir nun vor, wie deine Dankbarkeit als warmes, goldenes Licht aus deinem Herzen strahlt. Mit jedem Atemzug wird dieses Licht stärker und füllt den ganzen Raum um dich herum aus. Du bist umgeben von einem Leuchten der Dankbarkeit, das dich schützt und nährt.

Wenn du bereit bist, komm langsam zurück in den Raum. Bewege deine Finger und Zehen, atme tief ein und öffne bei der nächsten

11. RAUHNACHT

Ausatmung deine Augen. Trage dieses Gefühl der Dankbarkeit mit in deinen Tag – als Erinnerung daran, wie reich und vielfältig das Leben ist.

Meine Erfahrungen bei der Meditation

Vielleicht ist dir bei der Dankbarkeitsmeditation aufgefallen, wie viel Gutes trotz aller Schwierigkeiten in deinem Leben passiert. Vielleicht fiel es dir aber auch schwer, Dankbarkeit wirklich zu empfinden. Was ist dir leichtgefallen, was hat dich abgelenkt? Was ging in deinen Gedanken und Gefühlen vor?

_____

_____

_____

_____

Wie ich zur Dankbarkeit stehe
Eine Besinnungsübung soll den Geist klären und dir helfen, vom Unwesentlichen zum Wesentlichen zu gelangen. Aber es geht darum, was du tatsächlich fühlst. Was erlebst du bei den folgenden Aussagen?

Ich bin für so vieles dankbar.

_____

_____

_____

_____

_____

Ich finde, dass viele Menschen undankbar sind.

_____

_____

_____

_____

Traditionen und Bräuche

In manchen Gegenden wird in den Rauhnächten das »Wasserorakel« befragt. Wahrscheinlich hast du von diesem Ritual noch nie gehört. Auch ich kannte es bis vor ein paar Jahren nicht.
Ich finde es aber recht interessant.
Dieses Orakel funktioniert nur, wenn es wirklich richtig kalt ist: Man füllt Wasser in eine Schale und wartet, bis es zu Eis erstarrt ist. Die entstandenen Muster im Eis werden dann gedeutet, um Vorhersagen für das kommende Jahr zu treffen oder Antworten auf spezielle Fragen zu erhalten.

11. RAUHNACHT

Wie der Tag, so der Monat

Du weißt es ja: Jede Rauhnacht steht mit einem Monat des folgenden Jahres in Verbindung – die elfte Rauhnacht mit dem November. Und wie du ja ebenfalls schon weißt, besteht auch eine Parallele zu den Winterfesten Samhain und Halloween!

Achte auf deine Träume und deine Erlebnisse: Das gibt Hinweise auf das, was im November geschehen wird.

Was hast du heute geträumt? Was und wer ist dir begegnet?

_____

_____

_____

_____

Bauernregel für den 4. Januar

Eine spezielle Bauernregel für den 4. Januar ist mir nicht bekannt, siehe aber den Abschnitt »Bauernregeln für den Januar« im Kapitel über die zehnte Rauhnacht.

Das große Aufräumen

Während der Rauhnächte ist es ein alter Brauch, einmal gründlich aufzuräumen. Da heute schon der vorletzte Tag der Rauhnächte ist, sollten wir uns ein wenig Zeit nehmen, um Ordnung zu schaffen. Früher war das prinzipiell leicht; vielleicht war viel zu tun, doch es war klar, was in

Hof und Ställen »ausgemistet« werden musste. Heute haben die meisten Menschen aber noch einen großen »Raum«, der ebenfalls des großen Aufräumens bedarf: den Computer. Ich weiß ja nicht, wie es dir damit geht, aber viele meiner Bekannten klagen über die Unordnung, die sich im Laufe eines Jahres durch unzählige Dateien und E-Mails ansammelt. Denk also auch daran.

Doch über das physische und digitale hinaus liegt das tiefste und wirkungsvollste Aufräumen noch ganz woanders: nämlich in unseren Gedanken. Diese innere Ordnung ist vielleicht die größte Herausforderung, vor die uns die Rauhnächte stellen. Es geht darum, unseren Geist von dem zu befreien, was uns belastet, und Platz für neue Gedanken und Hoffnungen zu machen, die uns im kommenden Jahr begleiten sollen.

Diese Zeit des Jahres lädt uns ein, innezuhalten und zu reflektieren, um mit frischer Energie und einem klaren Kopf voranzuschreiten. Es ist ein stiller Prozess, der uns dazu ermutigt, uns von dem zu lösen, was wir nicht mehr benötigen – sei es ein Gegenstand, eine überholte Datei oder ein Gedanke, der uns zurückhält. So wird diese Rauhnacht zu einem symbolischen Raum, in dem wir uns auf das Wesentliche besinnen und bereit machen für einen Neubeginn.

Was gibt es aufzuräumen?

_____

_____

_____

_____

_____

Rezept: Grünkohl-Kartoffel-Eintopf mit Speck

Dieser Herz und Leib erwärmende Grünkohl-Kartoffel-Eintopf ist natürlich wieder einmal ein überliefertes Rezept meiner Großmutter – ein Stück Familiengeschichte, das sich in jedem dampfenden Löffel widerspiegelt.

100 g Speckwürfel
2 EL Öl
1 große Zwiebel, gehackt
2 Knoblauchzehen, gehackt
500 g Kartoffeln, gewürfelt

400 g Grünkohl, gehackt
1 l Gemüsebrühe
Salz und Pfeffer
Muskat

Gib die Speckwürfel in einen großen Topf und lass sie aus. Das Fett wird als Basis für das Anbraten der Zwiebeln und des Knoblauchs dienen. Sobald der Speck ausgelassen ist, füge die gehackte Zwiebel und den gehackten Knoblauch hinzu. Dünste sie, bis sie glasig sind.

Zu dem Topf mit Zwiebeln und Speck gib nun die gewürfelten Kartoffeln und den gehackten Grünkohl hinzu. Fülle das Gemüse mit 1 Liter Gemüsebrühe auf.

Lass den Eintopf etwa 20 Minuten köcheln.

Schmecke den Eintopf mit Salz, Pfeffer und einer Prise Muskat ab.

Serviere den Grünkohl-Kartoffel-Eintopf möglichst heiß. Dieses herzhafte Gericht ist besonders in der kalten Zeit der Rauhnächte wärmend und nahrhaft.

Meine wichtigsten Erfahrungen in der elften Rauhnacht

Was an den Übungen ist mir schwergefallen?

_____

_____

_____

Was hat sich beim Üben an körperlichen Empfindungen verändert?

_____

_____

_____

Was hat sich beim Üben an seelischen Empfindungen verändert?

_____

_____

_____

11. RAUHNACHT

Welche sonstigen Erfahrungen hatte ich mit den Übungen?

_____

_____

_____

Was ich aus der Erfahrung der elften Rauhnacht mitnehme

Manche der Dinge, die du gelernt hast, sind für dich vielleicht weniger relevant oder liegen dir nicht so – doch bestimmt gibt es ein paar, die dich wirklich weitergebracht haben. Hier ist die Stelle, wo du deine wichtigsten Erfahrungen und Einsichten noch einmal notieren kannst:

_____

_____

_____

_____

_____

_____

_____

12. Rauhnacht
Zum Licht erwachen

★ 5. Januar
★ Vigil vor Epiphanias
★ »Zwölfte Nacht«

Das Licht in dein Leben lassen

In den dunklen Nächten, wenn die Stille der Welt sich wie ein weiches Tuch über das Land legt, ist es an der Zeit, innezuhalten und Licht in dein Leben einzuladen.

Wenn ich von »Licht« spreche, meine ich nicht nur das warme Glühen einer Kerze oder das sanfte Schimmern des Mondes. Es ist einerseits das ganz reale Längerwerden der Tage nach der Wintersonnwende, andererseits ist es für Christen auch Jesus, das »Licht der Welt«, das gekommen ist.

Ich meine aber vor allem das Licht als Sinnbild für Klarheit, Hoffnung und Wärme in deinem Herzen. In dieser Zeit kannst du bewusst einen Raum schaffen, um das Licht zu begrüßen – ein Akt so einfach wie das Öffnen eines Fensterladens, um den ersten Strahlen des Morgens zu begegnen. Lass das Licht in dein Leben, indem du Altes hinter dir lässt. Das könnte bedeuten, Vergebung zu üben – sowohl für andere als auch für dich selbst. Es könnte bedeuten, Dankbarkeit für das zu empfinden, was war und was noch kommen mag. Jede kleine Geste, die dich der Freude näher bringt, ist ein Willkommensgruß für das Licht. Erlaube dir, zu träumen und zu planen, aber vergiss dabei nicht, auch zu leben und zu *sein*. Das Licht in dein Leben zu lassen, bedeutet, jeden Moment zu umarmen, sei er gefüllt mit Sternenglanz oder Mondschein.

Nutze diese Zeit, um die Stille zu hören, die in der Dunkelheit spricht, und das Licht zu sehen, das in der Stille leuchtet. Es ist ein sanfter, aber machtvoller Aufruf, deinem Leben eine Richtung zu geben, die von innerer Stärke und positiver Energie erleuchtet ist. Jeder Atemzug kann ein neuer Anfang sein, ein Schritt hin zu einem erfüllteren Dasein.

Welche Aspekte des Lichts sind wichtig für dich?

Wenn du über »Licht« nachdenkst: Was ist für dich ganz persönlich wichtig? Denkst du an praktische Dinge wie die Tatsache, dass Licht für das Wachstum der Pflanzen erforderlich ist?

Oder ist es für dich mit dem Gefühl der Sicherheit verbunden? Oder ist Licht für dich gar nicht besonders positiv besetzt?

_____

_____

_____

_____

Was verbindest du mit »Licht«?
Was ist Licht für dich ganz persönlich? Welche Erinnerungen und Assoziationen hast du, wenn du an Licht denkst?
Schreib alles auf, was dir spontan einfällt. Halte dich dabei nicht an Konventionen, verliere dich nicht in Gedankenspielen – es geht darum, was *du* fühlst:

_____

_____

_____

_____

_____

Perchten, schee und schiach

In den kalten, dunklen Nächten der Rauhnächte, wenn der Wind durch die kahlen Äste streift und die Welt in ein mystisches Zwielicht taucht, erwachen alte Traditionen zum Leben, die tief in der Seele der Alpenländer verankert sind. Stell dir vor, wie du in einer klirrend kalten Nacht in einem kleinen Ort in Österreich oder Bayern unterwegs bist, und plötzlich erschallt das dröhnende Läuten schwerer Glocken. Du spürst die Erde fast beben, als eine Schar unheimlicher Gestalten mit Schellen, Glocken, Masken und Geschrei in dein Blickfeld kommt: die Perchten. Diese Figuren haben ihren Namen von der Berchta, einer germanischen Göttin, die du wohl eher unter dem Namen »Frau Holle« kennst (siehe auch den Abschnitt »Frau Holle« im Kapitel über die neunte Rauhnacht). Und sie sind nicht nur einfache Maskenträger. Sie sind die Verkörperung uralter Kräfte, die in den Rauhnächten ihre Macht entfalten. Du wurdest Zeuge eines Perchtenlaufs.

Die Perchten treten in zwei Formen auf: als schöne, lichtbringende »Schönperchten« (dann sind sie »schee«) oder als schaurige, Schrecken verbreitende »Schiachperchten« (für Nichtbayern: »Schiach« heißt »hässlich«). Die Schönperchten verkörpern die guten Geister und Kräfte, sie kündigen das Ende des Winters an. Die Schiachperchten hingegen – mit ihren Furcht einflößenden Fratzen und Tierfellen – sollen die bösen Geister vertreiben. Ihre Masken zeigen oft Tiermotive, Hörner und grimmige Zähne, und sie sind es, die mit lautem Getöse die Winterdämonen in die Flucht schlagen sollen.

Wenn du bei einem Perchtenlauf zuschaust, wirst du schnell merken, dass es hier um mehr als nur um ein folkloristisches Spektakel geht. Es ist ein Ritual, das Gemeinschaft, Respekt vor der Natur und die Auseinandersetzung mit den dunkleren Seiten des Lebens feiert. Die Perchten mögen vielleicht schaurig sein, doch sie lehren uns, die Dunkelheit nicht zu fürchten, sondern zu respektieren und zu verstehen, dass ohne sie das Licht nicht so hell scheinen würde.

12. RAUHNACHT

Der Segensspruch für die zwölfte Rauhnacht

Ich öffne meine Augen
für das Strahlen des Lebens.

Lade das Licht in dein Leben ein und erlebe jeden Tag als eine neue Chance, die Welt heller und klarer zu sehen. Stell dir vor, wie dein eigenes Leitwort dazu aussehen könnte, und schreib dein persönliches Motto für die letzte Rauhnacht auf.
Mein persönliches Motto für diesen Tag:

_____

_____

Ein Ritual für die zwölfte Rauhnacht: **Rauhnachtgedenken**

Das Rauhnachtgedenken ist ein schönes, symbolträchtiges Ritual, um die Erfahrungen und Erlebnisse der Rauhnächte zu reflektieren und innerlich abzuschließen.
Such einen ruhigen Ort auf, zünde eine Kerze an und, wenn du magst, auch etwas Räucherwerk. Setz dich aufrecht, aber entspannt hin und schließ die Augen. Atme tief ein und aus und lasse den Alltag hinter dir.

Beginne nun, in Gedanken die vergangenen Rauhnächte zu durchwandern, von der ersten Nacht am 25. Dezember bis zur letzten am 5. Januar. Erinnere dich an jede einzelne Nacht und den jeweiligen Tag, erinnere dich an besondere Ereignisse, Gefühle, Träume und die Einsichten, die dir diese Zeit gebracht hat. Versuche, für jede Nacht die persönliche Bedeutung und die Lektionen zu erfassen, die du daraus gezogen hast. Wenn es Dinge gibt, die du hinter dir lassen möchtest, stell dir vor, wie du sie mit dem Rauch des Räucherwerks oder dem Licht der Kerze freigibst. Welche Erkenntnisse aus den Rauhnächten möchtest du in dein Leben integrieren?

Zum Abschluss des Rituals blase die Kerze sanft aus – als symbolische Geste, dass du die Weisheiten der Rauhnächte in dein Leben übernimmst und mit frischer Energie ins neue Jahr startest.

Wie fühle ich mich?
Hör in dich hinein und schreib auf, was dir spontan in den Sinn kommt:

_____

_____

_____

_____

_____

Krafttiere, Engel, Naturgeister

Seit Anbeginn der Zeit haben Menschen an die Existenz übernatürlicher Wesen geglaubt – seien es Engel, Naturgeister oder Krafttiere. Diese Wesenheiten sind mehr als bloße Fabelgestalten; sie symbolisieren tiefe psychologische Archetypen und standen den Menschen als spirituelle Helfer und Ratgeber zur Seite. Für unsere Vorfahren waren Krafttiere persönliche Begleiter, die Stärke und Weisheit verliehen. Naturgeister wurden als lebendige Aspekte der Natur verstanden, die die Erde und ihre Elemente belebten.

In der christlichen Tradition übernahmen dann Schutzengel eine ähnliche Rolle, indem sie eine Brücke zwischen dem Göttlichen und dem Menschlichen schlagen und so etwas von beidem, den Krafttieren und den Naturgeistern, in sich vereinen. Sie sind Boten des Schutzes und der Führung, Gestalten, die Trost wie auch Inspiration bieten.

In der heutigen Zeit mag man dies als Aberglauben abtun, doch eine solche Sichtweise verkürzt die tiefere Bedeutung, die hinter diesen Glaubensbildern steht. Es ist einfach, sie lediglich als Produkte der menschlichen Fantasie zu betrachten; doch sie fassen komplexe psychologische Erfahrungen zusammen, die sich nicht vollständig mit der Sprache der Vernunft ausdrücken lassen, aber mit der Sprache der Symbole und des Herzens.

Über diese Wesenheiten zu sprechen, hat eine psychologische Dimension. Doch was wirklich zählt, ist die berührende emotionale Erfahrung, die sie in uns auslösen. Sie sprechen zu einem Teil von uns, der nach Verbindung sucht, der in einer Zeit, die oft von nüchterner Rationalität beherrscht wird, das Wunderbare und das Mystische erleben möchte. Diese Wesenheiten laden uns ein, eine Welt neben unserem Alltagsdasein zu betrachten – eine Welt, die unsere Seelen berührt und uns erlaubt, uns als Teil eines größeren, geheimnisvollen Ganzen zu fühlen.

Zwölfte Rauhnachtmeditation:
Lichtmeditation

Setz dich an einem ruhigen Ort bequem und aufrecht hin, schließ die Augen und nimm ein paar tiefe, beruhigende Atemzüge. Mit jedem Einatmen füllst du dich mit Ruhe, mit jedem Ausatmen lässt du Spannungen und Sorgen los.

Stell dir nun vor, wie über dir ein warmes, sanftes Licht erscheint. Dieses Licht ist rein und klar – es ist das Licht der Gelassenheit, Klarheit und Güte. Sieh, wie es langsam auf dich herabsinkt, deinen Kopf berührt und sich sanft um dich herum ausbreitet.

Mit jedem Atemzug ziehst du nun mehr von diesem wunderbaren Licht in dich hinein. Es fließt durch dich hindurch, erfüllt jeden Winkel deines Seins und löst dabei alle Anspannungen.

Fühle, wie das Licht nach und nach jede Zelle deines Körpers erreicht – von der Spitze deines Kopfes bis hinunter zu deinen Zehen. Mit jedem Einatmen wird das Licht in deinem Körper intensiver und verdrängt das Dunkel, das du mit jedem Ausatmen aus deinem Körper und deinem Geist transportierst. Mach so lange damit weiter, bis du das Gefühl hast, dass du ganz mit diesem Licht erfüllt bist.

Lass nun das Licht größer werden und stell dir vor, wie es über die Grenzen deines Körpers hinaus in den Raum strahlt. Es füllt ihn mit seiner warmen Präsenz. Spüre, wie du Teil dieses Lichtes wirst, wie es dir Energie und Positivität schenkt. Versuche, das Licht noch weiter in die Welt zu schicken. Wenn du bereit bist, beginne langsam, deine Aufmerksamkeit wieder auf den Raum um dich herum zu richten. Bewege sanft deine Finger und Zehen, atme tief ein und aus; und wenn du dich bereit fühlst, öffne deine Augen. Trage das Gefühl des Lichtes, das du in dieser Meditation erfahren hast, mit in die verbleibende Zeit deines Tages.

12. RAUHNACHT

Meine Erfahrungen bei der Meditation
Vielleicht merkst du bei dieser Lichtmeditation, wie stark die Vorstellungskraft sich auf deinen ganzen Körper und deine Gefühle auswirkt. Interessant ist aber nicht, was Menschen im Allgemeinen bei dieser Meditation erleben, sondern nur, wie es *dir* damit geht.
Was fiel dir leicht, was hat dich abgelenkt? Was ging in deinen Gedanken und Gefühlen vor?

_____

_____

_____

_____

Das Licht in uns – und der Schatten
Ist es dir schwergefallen, dir ein Licht vorzustellen? Nun, je schwerer es dir gefallen ist, desto mehr kannst du dich auf die Veränderungen freuen, die das Üben mit sich bringt. Was fällt dir spontan zu den folgenden Aussagen ein?

Ich bin ein Wesen des Lichts.

_____

_____

_____

_____

Ich versöhne mich mit dem Schatten in mir.

_____

_____

_____

_____

Traditionen und Bräuche

Die Rauhnächte enden heute – und es gibt verschiedene Rituale und Bräuche, die diesen Übergang markieren:

- **Rauhnächte-Ausklang:** In vielen Regionen wird ein großes Räucherritual durchgeführt, bei dem in Häusern und Ställen mit heiligen Kräutern wie Wacholder, Beifuß oder Salbei geräuchert wird.
- **Dankesrituale:** Es ist auch Brauch, Gott oder den Naturgeistern und anderen spirituellen Helfern, die uns durch die Rauhnächte begleitet haben, zu danken. Kleine Gaben wie Brotkrumen oder Samen werden als Zeichen des Dankes in Gärten oder auf Feldern hinterlassen.
- **Feuerzeremonien:** Häufig wird am Abend des 5. Januar Feuer entzündet, um das Ende der Rauhnächte zu feiern und symbolisch das Alte zu verbrennen, das dann verjüngt aus der Asche steigt.

12. RAUHNACHT

- **Wasserrituale:** Wasser hat eine reinigende Wirkung und wird deshalb oft in Ritualen zum Abschluss der Rauhnächte verwendet. Menschen können sich in fließendem Wasser waschen, um rein ins neue Jahr zu gehen, oder geweihtes Wasser über ihre Schwelle gießen, um das Haus zu segnen.

Wie der Tag, so der Monat

Die Träume und Begegnungen der zwölften Rauhnacht sind ein Orakel für den zwölften Monat des neuen Jahres, also den Dezember.

Was hast du heute geträumt? Wem bist du begegnet? Was hast du erlebt?

_____

_____

_____

_____

_____

Bauernregel für den 5. Jänner

»Ist der fünfte Jänner klar,
wird's ein gutes Erntejahr.«

Heiden- und Christenfeste

Ich habe einmal die wichtigsten Feste der Christenheit und unserer germanisch-keltischen Vorfahren in einem Bild zusammengefasst, das mehr sagt als viele Worte. Du kannst auch den Zusammenhang zwischen den Festen und dem Sonnenlauf sowie dem Mond auf dem Bild entdecken (siehe die Abbildung »Heidnische und christliche Feste im Jahreskreis«).

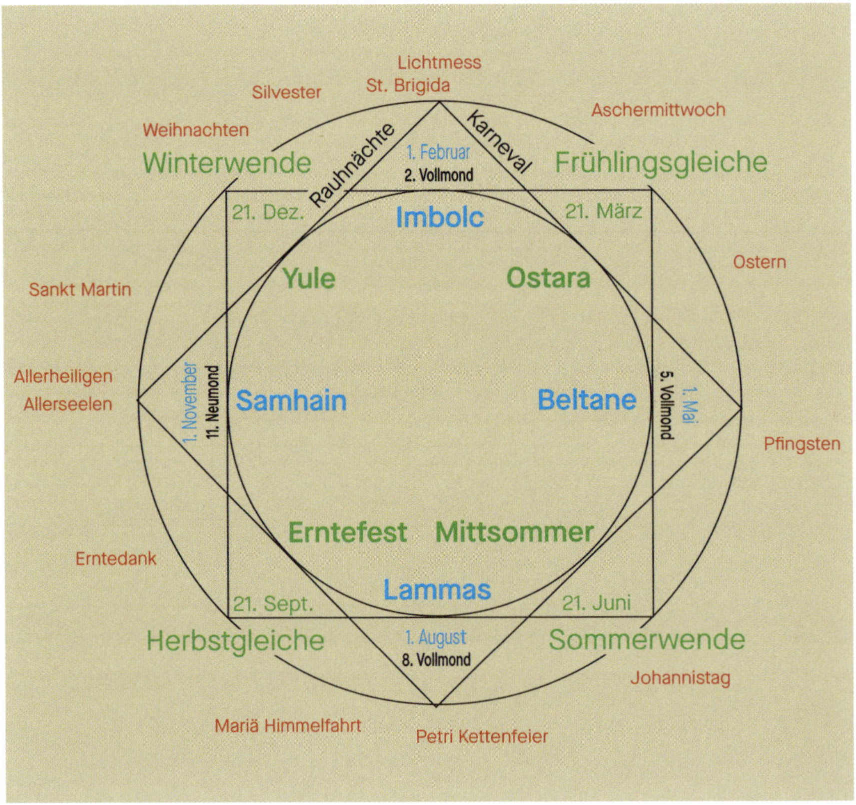

Rezept: Gebrannte Rauhnachtmandeln

Als Kind habe ich immer fasziniert zugesehen, wie meine Großmutter in der Küche werkelte und mit wenigen einfachen Zutaten wahre Wunder vollbrachte. Vor Weihnachten und noch in der ganzen Rauhnachtzeit duftete das ganze Haus verführerisch nach gebrannten Mandeln, einem Duft, der für mich untrennbar mit Abenteuer im Schnee und Geborgenheit in der Stube verbunden ist, wo Großvater Geschichten erzählte. Großmutter sagte immer, dass das Geheimnis in der Geduld liegt – in der Ruhe, mit der man den Zucker karamellisieren lässt, und der Aufmerksamkeit, mit der man die Mandeln wendet, bis sie perfekt glänzen. Nun, wenn du dich daran versuchen möchtest, kannst du folgendes Rezept ausprobieren:

150 g Zucker ¾ l Wasser
1 Päckchen Vanillezucker 200 g Mandeln
½ TL Zimt

Beginne damit, Zucker, Vanillezucker, Zimt und Wasser in einer Pfanne zu mischen, und erhitze es. Sobald die Mischung anfängt zu brodeln, gib die Mandeln dazu. Jetzt ist Geduld gefragt: Rühre stetig weiter, während das Wasser verdampft und der Zucker trocken wird. Auch wenn es trocken aussieht, bleib dran und rühre weiter, denn bald wird der Zucker schmelzen und anfangen, die Mandeln mit einer glänzenden Karamellschicht zu überziehen. Wenn sie schön glänzen, verteile die Mandeln auf einem mit Backpapier ausgelegten Blech und lass sie abkühlen. Dann, wenn sie bereit sind, teile sie mit deinen Liebsten – oder behalte sie als süße Belohnung für dich selbst.

Meine wichtigsten Erfahrungen in der zwölften Rauhnacht

Was an den Übungen ist mir schwergefallen?

_____

_____

_____

Was hat sich beim Üben an körperlichen Empfindungen verändert?

_____

_____

_____

Was hat sich beim Üben an seelischen Empfindungen verändert?

_____

_____

_____

12. RAUHNACHT

Welche sonstigen Erfahrungen hatte ich mit den Übungen?

_____

_____

_____

Was ich aus der Erfahrung der zwölften Rauhnacht mitnehme

Manche der Dinge, die du gelernt hast, sind für dich vielleicht weniger relevant oder liegen dir nicht so – doch bestimmt gibt es ein paar, die dich wirklich weitergebracht haben. Hier ist die Stelle, wo du deine wichtigsten Erfahrungen und Einsichten noch einmal notieren kannst:

_____

_____

_____

_____

_____

_____

_____

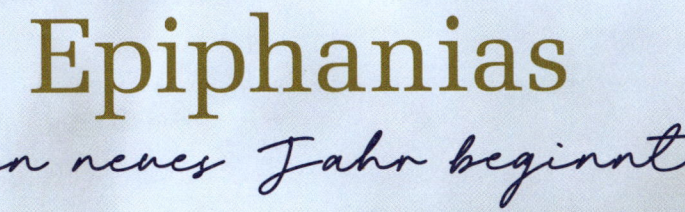

Epiphanias
Ein neues Jahr beginnt

★ 6. Januar
★ Epiphanias
★ Heilige Drei Könige

Könige, Astrologen, Magier

Epiphanias kennst du wahrscheinlich eher als das Fest der Heiligen Drei Könige am 6. Januar. Dieser Tag markiert das Ende der Rauhnächte – jener geheimnisvollen Zeit zwischen Weihnachten und dem Beginn des neuen Jahres. Während der Rauhnächte hast du vielleicht Rituale vollzogen, Besinnungsübungen gemacht, Räucherungen durchgeführt oder die Stille genutzt, um innezuhalten und das vergangene Jahr Revue passieren zu lassen und dich selbst besser kennenzulernen. Epiphanias bildet den krönenden Abschluss dieser Zeit und bringt eine besondere Botschaft mit sich: die Offenbarung.

Das christliche Fest ist den »Weisen aus dem Morgenland« gewidmet, die einem Stern folgten, um das neugeborene Jesuskind zu finden und zu ehren. Es steht für das Licht, das nun die Dunkelheit vertreibt. Epiphanias ist ein Moment der Klarheit und des Neubeginns. Es ist die Zeit, deine Erkenntnisse aus den Rauhnächten zu sammeln und mit frischer Energie ins neue Jahr zu starten.

Wie verhält es sich eigentlich mit den Heiligen Drei Königen? Die Geschichte, die oft mit ihnen in Verbindung gebracht wird, findet sich im Matthäus-Evangelium (Mt 2, 1–12) des Neuen Testaments. Hier ist von »Magiern« oder »Weisen« aus dem Osten die Rede. Die genaue Anzahl dieser Weisen wird in der Bibel nicht erwähnt, und sie werden auch nicht als Könige bezeichnet.

EPIPHANIAS

Die Vorstellung von drei Königen entstand später in der christlichen Tradition. Das hängt auch mit den drei Geschenken zusammen, die in der Weihnachtsgeschichte genannt werden: Gold, Weihrauch und Myrrhe. Diese drei Gaben wurden mit königlicher Würde sowie mit Jesu Identität als König, Gott und Opfer in Verbindung gebracht. Und als sich die Christen erst einmal auf drei Könige geeinigt hatten, bekamen diese Herren auch schnell Lebensgeschichten und Namen: »Caspar«, »Melchior« und »Balthasar«.

Wenn wir keine Christen sind, so können wir doch die Suche nach dem geistigen Licht durch die drei Königsdisziplinen Weisheit, Erkenntnis und Liebe wertschätzen und ehren – und feiern.

Vielleicht hast du in den Rauhnächten Träume gehabt oder Zeichen wahrgenommen, die dir jetzt, zu Epiphanias, klarer erscheinen. Nutze diesen Tag, um dich zu besinnen: Welche Botschaften haben sich dir gezeigt? Was möchtest du in das neue Jahr tragen?

Epiphanias lädt dich ein, die Offenbarung des Lichts in deinem Leben zu feiern und die Weisheit zu ehren, die du in den vergangenen Nächten gesammelt hast.

Die wichtigsten Träume der Rauhnächte

Wenn du ein Traumtagebuch geführt hast, wirst du sicherlich auf interessante Botschaften stoßen. Wenn nicht, hast du wahrscheinlich fast alle Träume vergessen. Umso bedeutender sind dann die, die dir noch erinnerlich sind. Schreibe die wichtigsten Träume auf, die dir noch einfallen. Manchmal ist es auch so, dass beim Schreiben die Erinnerung kommt …

_____

_____

_____

_____

_____

_____

Epiphanias feiern

An Epiphanias gibt es also, ob du Christ bist oder nicht, etwas zu feiern. Also feiere! Vielleicht auch nur mit einer kleinen Zeremonie: Zünde eine Kerze an, um das Licht zu begrüßen, oder schreib deine Wünsche und Erkenntnisse auf, um sie bewusst ins neue Jahr zu übertragen. So schließt du die magische Zeit der Rauhnächte ab und setzt voller Hoffnung und mit neuem Licht den ersten Schritt in das kommende Jahr.

Meine wichtigsten Erkenntnisse

_____

_____

_____

_____

_____

_____

_____

EPIPHANIAS

Meine Herzensziele für das Jahr

_____

_____

_____

_____

_____

_____

_____

C+M+B

Bestimmt weißt du, was das Königssingen ist, oder? Und weißt du vielleicht auch, was dieses C+M+B plus Jahreszahl zu bedeuten hat, das traditionell mit Kreide an die Türen geschrieben wird? Mit geweihter Kreide, übrigens!

Das Königs- oder Sternsingen findet jedes Jahr am Dreikönigstag, dem 6. Januar, statt. Kinder und Jugendliche verkleiden sich dann als die Heiligen Drei Könige – manchmal sind es allerdings noch ein paar Könige mehr – und ziehen singend durch die Straßen. Meistens sind sie am Vormittag oder frühen Nachmittag unterwegs, um genügend Zeit zu haben, viele Häuser zu besuchen.

Mit Sternen, die hell in ihren Händen leuchten (deshalb heißen sie oft auch »Sternsinger«), klopfen sie an die Türen und bieten neben ihren

Liedern auch Segenswünsche für das neue Jahr an. Ob man nun das schöne Singen belohnen oder das nicht so schöne möglichst schnell hinter sich bringen will: Die Tradition verlangt, dass die Kinder für ihre Mühen mit Süßigkeiten oder einem kleinen Geldbetrag belohnt werden. Oder beidem. Denn die Kinder sammeln das Geld meist nicht für sich selbst, sondern für wohltätige Zwecke. Da hast du eine wunderbare Gelegenheit, das neue Jahr gleich mit einer schönen Geste zu beginnen und großzügig zu sein.

Und was hat es nun mit dem C+M+B auf sich? Das Kürzel kann natürlich für »Caspar und Melchior und Balthasar« stehen. Aber es gibt noch eine weitere Bedeutung, die du natürlich nicht erraten kannst, falls du nicht Latein an der Schule hattest oder das nicht anderweitig erfahren hast. C+M+B kann nämlich auch *Christus mansionem benedicat* bedeuten: »Christus segne dieses Haus«.

Der Segensspruch für Epiphanias

Ich ehre die Weisheit. Ich ehre die Erkenntnis.
Ich ehre die Liebe.

Der Segensspruch ist dein Motto für das Jahr. Deshalb gilt noch mehr als bei den Segenssprüchen für die Rauhnächte, dass du Worte findest, die für dich passen. Jeder Mensch ist einzigartig. Vielleicht findest du Worte,

EPIPHANIAS

die für dich noch treffender sind. Nur darauf kommt es an: dass die Worte zu *dir* sprechen.

Das Gute ist ja auch: Du musst dein Motto nicht in eine Steintafel meißeln. Du kannst es jederzeit ändern. Nur eben nicht leichtfertig. Es ist *dein* Jahresmotto!

Mein persönliches Motto für das neue Jahr:

_____

_____

Ein Ritual für Epiphanias:
Anfang im Feuer

Leg dir ein Blatt Papier, Streichhölzer, eine Kerze und eine große, feuerfeste Schale bereit. Zünde die Kerze an, schließ die Augen, komm zur Ruhe und lass die Einsichten und Erfahrungen, die du in den Rauhnächten gewonnen hast, an deinem inneren Auge vorüberziehen. Wann immer du auf etwas stößt, was du als besonders bedeutsam empfindest, öffne kurz die Augen und schreibe es auf.

Wenn du wieder im Heute angelangt bist, entzünde das Papier, leg es in die feuerfeste Form und sage innerlich sinngemäß: »Hiermit lasse ich meine Ziele und Wünsche in die Welt, sodass sie sich erfüllen mögen.«

Wenn das Feuer erloschen ist, schließ kurz die Augen und lass das Ritual auf dich wirken.

Wie fühle ich mich?

Was geht in dir vor, wenn du dieses Ritual liest? Und wenn du es tatsächlich durchgeführt hast: Was sind deine Erfahrungen? Hör in dich hinein und schreib auf, was dir spontan in den Sinn kommt:

_____

_____

_____

_____

Bauernregeln für den 6. Januar

»Ist Dreikönig hell und klar,
gibt's viel Wein in diesem Jahr.«

»Bringt Epiphanias Eis und Schnee,
bringt das Frühjahr grünen Klee.«

»Ist bis Dreikönig kein Winter,
folgt keiner mehr dahinter.«

»Heiligdreikönig sonnig und still,
Winter vor Ostern nicht weichen will.«

EPIPHANIAS

Meine wichtigsten Erfahrungen mit den Rauhnächten

Was an den Übungen ist mir schwergefallen?

_____

_____

_____

Was hat sich beim Üben an körperlichen Empfindungen verändert?

_____

_____

_____

Was hat sich beim Üben an seelischen Empfindungen verändert?

_____

_____

_____

Welche sonstigen Erfahrungen hatte ich mit den Übungen?

Was ich aus der Erfahrung der Rauhnächte mitnehme

Nun hast du die Rauhnächte durchlebt – vielleicht zum ersten Mal mithilfe dieses Tagebuchs. Manche der Dinge, die ich dir erzählt oder vorgeschlagen habe, waren vielleicht nichts für dich. Das macht nichts. Du kannst sie weglassen.

Es gibt aber bestimmt auch Einsichten und Übungen, die dich weitergebracht haben.

Hier kannst du nun deine wichtigsten Erfahrungen und Einsichten, die du in den Rauhnächten gewonnen hast, zusammenfassen:

EPIPHANIAS

Epilog

Von Rauhnacht zu Rauhnacht

Vielleicht wirst du, nachdem du dieses Tagebuch durchgearbeitet hast, die folgenden Rauhnächte noch bewusster angehen. Du kannst dich nun vorbereiten – beispielsweise kannst du das »13-Wünsche-Ritual« vorbereiten und nächstes Jahr dann gleich in der ersten Rauhnacht anfangen. Du kannst, während du durch das Jahr gehst, nachsehen, inwieweit das grundlegende Rauhnacht-Orakel – jede Rauhnacht hat ja eine Verbindung mit dem entsprechenden Monat im neuen Jahr – bei dir zutrifft. Du kannst auf deine Aufzeichnungen zurückgreifen, während das Jahr auf die nächsten Rauhnächte zugeht, und feststellen, was du an positiven Veränderungen gut umsetzen konntest und wo es noch Schwierigkeiten gibt. Die Rauhnächte sind also etwas, was dich durch das ganze Jahr begleiten kann.

Wie gut ist es dir gelungen, Altes los- und neue Impulse in dein Leben einzulassen?

Hast du mehr innere Ruhe finden können? Oder hast du gemerkt, dass sich der »Lärm der Welt« doch immer wieder in dein Leben drängt?

Kannst du in diesem Jahr neue Wege gehen und dich noch mehr selbst verwirklichen?

Ist es dir gelungen, mehr Vertrauen ins Leben und in die Menschen zu finden und dadurch freier zu werden?

Achtest du in diesem Jahr mehr darauf, deinen »Körper zu heiligen« und gesund zu leben?

Wird es dir gelingen, deine Gefühle mehr zu umarmen und dein Glückspotenzial auszuschöpfen?

Achtest du in diesem Jahr stärker darauf, dass du nach deinen eigenen inneren Werten lebst?

EPILOG

Kannst du in diesem Jahr mehr als früher du selbst sein, statt dich von äußeren Umständen lenken zu lassen?
Wie sieht es aus mit dem Groll, den du lange mit dir herumgetragen hast?
Kannst du dieses Jahr mit dir selbst und anderen Frieden schließen?
Hast du dir die Bedeutung von Achtsamkeit bewusst machen können, und nimmst du die Buntheit der Welt intensiver wahr?
Kannst du dieses Jahr einen großen Schritt nach vorn machen, indem du Dankbarkeit pflegst?
Hast du in diesem Jahr vielleicht sogar spirituelle Erfahrungen gemacht, die deinem Leben eine neue Richtung geben können?

Du siehst hier noch einmal: Es gibt so vieles, an dem wir wachsen können. Und bleib ganz entspannt – es ist ja völlig klar, dass du nicht alles, was möglich ist, auf einmal hinbekommst. Es ist eine Reise durch das Leben. Die Rauhnächte sind eine besondere Zeit, in der du die Samen für Veränderungen setzen kannst. Bleib ganz gelassen und mach dir klar, dass die Rauhnachtreise jedes Jahr aufs Neue beginnt: Es ist wie ein spiralförmiger Weg, der sich zum Gipfel emporwindet.
Geh Schritt für Schritt, lass dir Zeit, genieße den Weg. Und vergiss nie, sooft du kannst, zu lachen, zu lächeln, innezuhalten und hinzusehen, was außer Problemen und Schwierigkeiten noch alles da ist. Lass dein Leben langsam immer erfüllter werden. Ganz gleich, wie weit der Gipfel entfernt ist – du bist auf dem Weg.

Alles Gute auf deinem Weg wünscht dir dein

Valentin Kirschgruber

Rezeptverzeichnis

1. Rauhnacht, 25. Dezember:
Störibrot 25

2. Rauhnacht, 26. Dezember:
Rauhnacht-Apfel-Zimt-Dessert.............. 44

3. Rauhnacht, 27. Dezember:
Rauhnachtsuppe............................ 61

4. Rauhnacht, 28. Dezember:
Rauhnachttees............................. 79

5. Rauhnacht, 29. Dezember:
Rauhnacht-Glühwein 95

6. Rauhnacht, 30. Dezember:
Allgäuer Rauhnachtnudeln 113

7. Rauhnacht, 31. Dezember:
Rauhnacht-Kräuterplätzchen 131

8. Rauhnacht, 1. Januar:
Neujahrsbrezel 147

9. Rauhnacht, 2. Januar:
Semmelknödel und Rahmschwammerl.......... 163

10. Rauhnacht, 3. Januar:
Bayrische Brezensuppe 179

11. Rauhnacht, 4. Januar:
Grünkohl-Kartoffel-Eintopf mit Speck 195

12. Rauhnacht, 5. Januar:
Gebrannte Rauhnachtmandeln................ 211

Bildnachweis

Illustrationen:
Blätter: creative market/Tatiana Cociorva, Mondsymbole: creative market/Boho-Mystical-collection von ms Julia Nova, Daniela Hofner: Icons, Schnee und Zweige

Fotos:
Adobe Stock: 6/7 (by-studio), 12/13 (Alexander Erdbeer), 14 (fredredhat), 30/31 (Anastassiya), 32 (Jeanette Dietl), 34 (Ann Stryzhekin), 48/49 (Edgie), 50 (SusaZoom), 64/65 (Penta Media), 66 (muellersdesign), 67 (Anselm Baumgart), 72 (Ivan Kmit), 77 (Andreas P), 78 (Martin), 82/83 (Karoline Thalhofer), 84 (Roman), 98/99 (ekim), 100 (eyetronic), 103 (Turi), 106 (pwmotion), 116/117 (DariaS), 118 (Joerg), 121 (by-studio), 127 (Vincent Ganz), 128 (Netzer Johannes), 134/135 (michal), 136 (Paul), 150/151 (Vera Kuttelvaserova), 152 (Stefan Werner), 154 (haiderose), 166/167 (phive2015), 168 (Igor), 170 (photoplace), 182/183 (smallredgirl), 186 (Erik), 198/199 (Alberto Gonzalez), 216 (Lumixera), 220 (Sonja Birkelbach), 226/227 (Patrick Daxenbichler); iStock: 214/215 (Anita Nicholson)

Der Verlag behält sich die Verwertung der urheberrechtlich geschützten Inhalte dieses Werkes für Zwecke des Text- und Data-Minings nach § 44 b UrhG ausdrücklich vor. Jegliche unbefugte Nutzung ist hiermit ausgeschlossen.

Penguin Random House Verlagsgruppe FSC® N001967

1. Auflage
Originalausgabe September 2024
Copyright © 2024: Kailash Verlag, München,
in der Penguin Random House Verlagsgruppe GmbH,
Neumarkter Str. 28, 81673 München
Redaktion: Ralf Lay
Bildredaktion: Anka Hartenstein
Umschlaggestaltung und Innenlayout: ki Editorial Design, Daniela Hofner
Covermotiv: gettyimages/Westend61
Satz: Uhl + Massopust, Aalen
Druck und Bindung: TBB, Banská Bystrica
Printed in Slovak republic
SC · CB
ISBN 978-3-424-63261-3

www.kailash-verlag.de

Ein magisches Buch für eine magische Zeit!

176 Seiten. ISBN 978-3-424-63082-4
Auch als E-Book erhältlich

Sagenumwoben, mystisch, geheimnisvoll: Die Rauhnächte – zwischen Weihnachten und dem Dreikönigstag – gelten als Schwellenzeit, in der Dunkel und Licht, Altes und Neues, Vergänglichkeit und Ewigkeit ineinanderfließen. Die Weise, wie wir sie verbringen, soll der Überlieferung nach das nächste Jahr bestimmen. Dieses zauberhaft ausgestattete Buch lädt ein, die heilige Zeit mit einer Fülle von Bräuchen, Orakeln und Ritualen zu feiern.

Überall, wo es Bücher gibt, und unter www.kailash-verlag.de

Mit den Orakelkarten das Geheimnis der 12 heiligen Nächte entdecken.

48 Karten. Begleitheft mit 32 Seiten
EAN: 4250939900063

Die Orakelkarten von Valentin Kirschgruber helfen, das Wunder der Rauhnächte auf spielerische, intuitive Weise zu erfahren. Durch stimmungsvolle Meditationen, Inspirationen, magische Rituale und Kraftsymbole zu den jeweiligen Archetypen der heiligen Nächte können wir innehalten und in die Stille eintauchen. Aber auch Altes abschließen, Reinigung erleben und in eine lichtvolle Zukunft blicken. Die 48 Karten, vier für jede der zwölf Rauhnächte, sind wunderschön gestaltet und von magischer Tiefe.

Überall, wo es Bücher gibt, und unter www.kailash-verlag.de

Notizen

NOTIZEN

 NOTIZEN